Mein großes Buch für die
Vorschule

Mein großes Buch für die Vorschule

Dieses Buch gehört: ANDRFAHEIDER

Ravensburger Buchverlag

Inhaltsverzeichnis

Inhalt

Zu diesem Buch 6

Unsere Erde 7

So fing alles an 8
Kontinente, Berge und Meere 10
Unsere Planeten 12
Die vier Elemente 14
Licht und Schatten 16
Die vier Jahreszeiten 18
Unser Wetter 20
Wenn's stürmt und bebt 22
Mach mit! 24

So leben wir 43

Wie die Zeit vergeht 44
Das Leben früher und heute 46
Auf dem Land 48
In der Stadt, da ist was los! 50
Wo Müll und Abwasser landen 52
Kindergarten und Schule 54
Ein Leben voller Farben und Klänge 56
Mach mit! 58

Der Natur auf der Spur 25

Was wächst denn da? 26
Die Welt der Tiere 28
Wir entdecken unseren Wald 30
Das Leben am und im Wasser 32
Wie kleine Tiere groß werden 34
So leben die Tiere im Winter 36
Lebensräume der Natur 38
Wir schützen die Natur 40
Mach mit! 42

Ich und die anderen 59

Das bin ich 60
Gemeinsam sind wir stark 62
Miteinander leben 64
Was ich einmal werden möchte 66
Kinder dieser Welt 68
Verschieden und doch gleich 70
Wir feiern heut ein Fest 72
Mach mit! 74

Inhaltsverzeichnis

Mein Körper 75

So wachsen wir 76
In meinem Körper 78
Was mein Körper alles kann 80
Mit allen Sinnen 82
Fröhlich, traurig und mal wütend 84
Das tut mir gut! 86
So bleibe ich gesund und fit 88
Mach mit! 90

So funktioniert das 103

Strom und Licht 104
Nützliche Erfindungen 106
Unsere Medienwelt 108
Flugzeuge, Autos und Schiffe 110
Mach mit! 112

Buchstaben, Formen und Zahlen 91

Rund ums ABC 92
Schreiben und lesen 94
Vom Kreis zum Würfel 96
Hereinspaziert ins Zahlenland 98
Messen, wiegen, rechnen 100
Mach mit! 102

Wo sind diese Bilder im Buch? 113

Register 118

Warum ist der Himmel blau? Sprechen Tiere miteinander? Wie funktioniert das Fernsehen?

Toni

Zu diesem Buch

Bist du auch so neugierig wie Toni? Neben spannenden Informationen warten in diesem Buch viele Ideen zum Experimentieren, Spielen und Basteln auf dich. Am besten ist es, du lässt dir von einem Erwachsenen dabei helfen. Wenn du genau schaust, wirst du eine Menge auf den Seiten entdecken:

Auf jeder Buchseite findest du rechts und links oben ein kleines Bild.
Es erleichtert dir die Suche nach dem Thema, das dich besonders interessiert:

Unsere Erde

Der Natur auf der Spur

So leben wir

Passend zum Thema der Seite findest du hier eine Anleitung zum Basteln, Spielen oder Experimentieren.

Ich und die anderen

Mein Körper

Hier bekommst du eine Frage gestellt. Die Lösung steht umgekehrt darunter.

Buchstaben, Formen und Zahlen

So funktioniert das

Hier erfährst du allerlei erstaunliche Dinge.

Am Ende jedes Kapitels kannst du wiederholen, was du gelernt hast.

Und nun: viel Spaß!

Unsere Erde

Unsere Erde

So fing alles an

Bei ihrer Entstehung vor fast fünf Milliarden Jahren glich die Erde vermutlich einer riesigen Wolke aus Gas und Staub. Nach und nach ballten sich kleine Teilchen zu einem kugelförmigen Klumpen zusammen.

? Wie sah die Erde früher aus?

Nachdem sich aus Gas und Staub ein Klumpen gebildet hatte, war die Erde lange Zeit ein glühend heißer Ball aus flüssigem Gestein. Nur langsam kühlte sie ab und wurde fest. Wie auf einem heißen Pudding bildete sich auf ihrer Oberfläche schließlich eine schrumpelige Haut, die Erdkruste. Dann regnete es viele Tausend Jahre: Ein Großteil der Erde war mit Wasser bedeckt.

Urmeer

Vom Wasser zum Land

? Was waren die ersten Lebewesen?

Im riesigen Urmeer entstand vor ganz langer Zeit erstes Leben: winzig kleine Algen und Bakterien. Aus ihnen entwickelten sich nach und nach Pflanzen. Sie stellten den lebensnotwendigen Sauerstoff her. So entwickelten sich erste Tiere: Fische und Insekten, später auch Dinosaurier und Säugetiere.

Wenn du die Erde einmal zu Fuß umwandern würdest, brauchtest du zehn Jahre.

Unsere Erde

Dinosaurier

Die ersten Menschen

❓ Warum gibt es Leben auf der Erde?

Die Lufthülle um unsere Erde, die Atmosphäre, macht unseren Planeten einzigartig: Ohne sie würden auf der Erde keine Menschen und Tiere leben und auch Pflanzen könnten nicht wachsen.
Die Atmosphäre gibt uns Luft zum Atmen und schützt uns vor großer Hitze und Kälte. Zusammen mit dem Wasser ist sie die Grundlage für das Leben auf der Erde.

Na so was! Unsere Erde ist nicht völlig rund, sondern hat eigentlich die Form einer leicht abgeflachten Kugel.

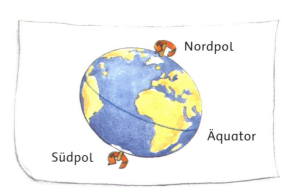

Unsere Erde ist von einer schützenden Hülle umgeben. Sie enthält Sauerstoff.

Unsere Erde

Kontinente, Berge und Meere

Unsere Erde ist von riesigen Meeren und großen Erdteilen, den Kontinenten, bedeckt. Lange Zeit gab es nur eine einzige riesige Landmasse. In Millionen von Jahren zerbrach sie in Teile. Daraus bildeten sich die Kontinente.

Die Arktis ist kein eigener Kontinent. Das Eismeer erstreckt sich über die Erdteile Nordamerika, Europa und Asien.

? Was ist ein Kontinent?
Kontinente sind große zusammenhängende Landteile der Erde. Sie liegen auf den Platten der Erdkruste und sind auch heute noch in Bewegung. Insgesamt gibt es sieben Kontinente. Entdeckst du sie alle auf der Karte?

? Woher kommen die Berge?
Wenn zwei Erdplatten sich aufeinander zubewegen, stoßen sie an manchen Stellen aneinander. Die Erdkruste wird an diesen Stellen zusammengeschoben, aufgefaltet und hochgedrückt. Auf diese Weise sind die Berge auf der Erde entstanden.

10

Unsere Erde

Der Eisbär lebt nur in der Arktis am Nordpol. Den Pinguin findest du nur am Südpol.

Na so was! Der größte Teil der Erde ist von Meeren bedeckt. Aus dem Weltraum gesehen erscheint sie deshalb blau.

11

Unsere Erde

Unsere Planeten

Die Sonne ist eine sehr heiße Gaskugel. Sie spendet uns Licht und Wärme.

Die Sonne bildet den Mittelpunkt unseres Sonnensystems. Um sie kreisen Planeten. Einer davon ist unsere Erde. Nur auf ihr gibt es Leben.

Was ist ein Planet?

Ein Planet ist ein Himmelskörper, der um eine Sonne kreist. Er leuchtet nicht selbst, sondern wird von der Sonne angestrahlt. Es gibt in unserem Sonnensystem acht Planeten: Der größte ist Jupiter, der kleinste Merkur. Er ist der Sonne am nächsten.

Zu den acht Planeten gehören:

1 Merkur 2 Venus 3 Erde
4 Mars 5 Jupiter 6 Saturn
7 Uranus 8 Neptun

Unsere Erde

So kannst du dir die Reihenfolge der acht Planeten von der Sonne aus gesehen merken.

Mein Vater erklärt mir jeden Sonntag Unsere Nachbarplaneten.

 Warum bleiben die Planeten in ihrer Bahn?

Alle unsere Planeten werden von der Sonne angezogen. Sie bewegen sich im Weltraum und dabei werden die Planeten nach außen gedrückt. Die Planeten werden also von
der Sonne zu ihr hin gezogen und durch ihre Bewegung von ihr weggetragen. Beide Kräfte sind gleich stark und so bleiben die Planeten in ihrer eiförmigen Bahn um die Sonne.

Quiz: Welcher Planet ist von der Sonne am weitesten entfernt? Welcher Planet ist der größte?

Lösung: Neptun; Jupiter

Experiment

Macht der Planetenkräfte

Du kannst die Kräfte, die auf die Planeten wirken, selbst spüren.

Binde eine Papprolle an einen Faden und lasse sie neben deinem Körper kreisen. Was passiert, wenn du den Faden während der Kreisbewegung loslässt?

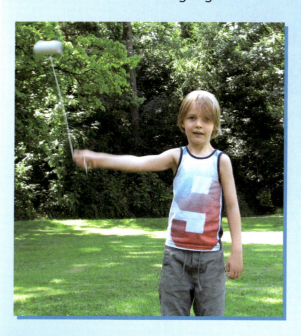

Durch die Kreisbewegung wird die Rolle von dir weggedrückt und fliegt davon, sobald du den Faden loslässt. Ähnlich würde es auch den Planeten gehen. Da sie jedoch von der Sonne angezogen werden, können sie nicht davonfliegen.

13

Unsere Erde

Die vier Elemente

Ob Erde, Wasser, Feuer oder Luft – schon immer waren die Menschen von den vier Elementen der Natur fasziniert. So gegensätzlich diese auch sind: Feuer, Erde, Wasser und Luft bilden die Grundlage für alles Leben.

? Warum können wir Luft nicht sehen?

Überall um uns herum ist Luft. Trotzdem können wir sie weder sehen noch riechen, denn Luft ist eine Mischung aus verschiedenen unsichtbaren Gasen. Eines davon ist Sauerstoff. Ihn brauchen alle Lebewesen zum Atmen.
Bläst du einen Luftballon auf, spürst du, wie sich die Luft darin langsam ausdehnt.

? Was ist eigentlich Wasser?

Wasser ist eine farb- und geruchslose Flüssigkeit, die für Menschen, Tiere und Pflanzen lebensnotwendig ist.
In der Natur kommt Wasser vor allem in Bächen, Flüssen, Seen und Meeren vor. Ist es sehr kalt (unter 0 Grad Celsius), gefriert es zu Eis und wird fest. Beim Kochen verwandelt sich Wasser zu Dampf.

14

Unsere Erde

Wann ist Feuer gefährlich?

Feuer ist für die Menschen als Wärme- und Lichtquelle sehr nützlich. Gerät es jedoch außer Kontrolle, kann es zur Gefahr werden: Im Sommer gibt es oft Waldbrände, weil Sträucher und Bäume trocken sind und leicht Feuer fangen. Auch „Feuerberge", wie man Vulkane noch nennt, können für Menschen gefährlich werden: Ein Vulkanausbruch kann viele Häuser zerstören.

Spuckt ein Vulkan wirklich Feuer?

Was bei einem Vulkanausbruch auf den ersten Blick aussieht wie Feuer, ist in Wirklichkeit flüssiges, heißes Gestein. Es steigt aus dem Inneren der Erde auf und strömt aus der Öffnung des Vulkans, dem Krater. Das austretende Gestein, auch Lava genannt, fließt als roter, glühender Strom den Abhang hinunter und wird hart. Dabei entsteht ein kegelförmiger Berg.

Na so was! Vulkanasche macht die Böden rund um den Vulkan fruchtbar.

Rauch, Asche und Gase
Krater
Steine
Lava

Unsere Erde

Licht und Schatten

Ohne Licht wäre es dunkel und kalt und ein Leben auf der Erde undenkbar. Durch das Wechselspiel zwischen Licht und Schatten entstehen Tag und Nacht. Auch das Aussehen des Mondes verändert sich durch die Strahlen der Sonne.

Tag und Nacht auf der Nordhalbkugel

? Woher kommt das Licht?
Die Sonne spendet uns das Licht, durch das wir es bei Tag hell haben. Es besteht aus winzigen Strahlen, die sich von der Sonne aus ausbreiten. Stehst du in der Sonne, so wirfst du einen Schatten, denn dein Körper hält das Sonnenlicht ab. Mithilfe von künstlichem Licht wie dem der Glühlampe sehen wir auch im Dunkeln.

? Warum gibt es Tag und Nacht?
Die Erde dreht sich wie ein Kreisel um sich selbst. Für eine Umdrehung braucht sie 24 Stunden. Durch die Drehung der Erde wird jeweils nur eine Seite der Erdkugel von der Sonne angestrahlt. Ist diese Erdhälfte der Sonne zugewandt, ist es Tag. Liegt sie im Schatten, ist es Nacht. So wechseln sich Tag und Nacht ab.

Unsere Erde

❓ Warum ändert der Mond sein Aussehen?

Die Erde kreist um die Sonne und der Mond kreist um die Erde. Er leuchtet nicht selbst, sondern wird von der Sonne angestrahlt. Je nachdem, wie der Mond zur Sonne steht, sehen wir ihn unterschiedlich: Mal ist er komplett beleuchtet, mal nur eine Seite. So entstehen die Mondphasen.

Die Mondphasen – Neumond – zunehmender Mond – Vollmond – abnehmender Mond

❓ Was ist eine Mondfinsternis?

Bei Vollmond stehen Sonne, Erde und Mond auf einer Linie. Wenn der Mond genau im Schatten der Erde steht, kann die Sonne ihn nicht mehr beleuchten. Es kommt zu einer Mondfinsternis. Der Mond ist in dieser Zeit jedoch nicht ganz dunkel, sondern nimmt eine schöne orangerote Farbe an.

Sonne – Erde – Mond

Spielidee

Lustige Schattenspiele

Wie ein Schatten entsteht, kannst du selbst ausprobieren: Schalte eine Tisch- oder Stehlampe ein und richte sie auf eine Wand. Dunkle den Raum ab. Jetzt kannst du lustige Schattenbilder an die Wand werfen, indem du mit deinen Händen zwischen Lampe und Wand spielst.

Krokodil

Katze

Gans

Probiere den geeigneten Abstand aus. Fallen dir noch mehr Figuren ein?

Unsere Erde

Die vier Jahreszeiten

Wir unterteilen das Jahr in vier Jahreszeiten: Frühling, Sommer, Herbst und Winter. In den meisten Ländern der Erde unterscheiden sich die Jahreszeiten durch das Wetter.

❓ Warum gibt es Jahreszeiten?

Im Laufe eines Jahres umkreist die Erde die Sonne. Die Erde steht leicht schräg und so bekommt mal der südliche Erdteil, mal der nördliche mehr Sonne ab. Wenn die nördliche Erdhalbkugel der Sonne zugewandt ist, ist es bei uns wärmer: Es herrscht Sommer. Umgekehrt haben wir Winter, wenn der Nordpol sich von der Sonne abwendet.

Der Wechsel der Jahreszeiten (auf der Nordhalbkugel)

Im Sommer sind die Tage besonders lang. Die Sonne steht hoch am Himmel.

Im Frühling werden die Tage länger und wärmer. Alles beginnt zu wachsen und zu blühen.

18

Unsere Erde

Im Herbst werden die Tage kürzer und kühler. Die Blätter der Bäume färben sich bunt.

Im Winter steht die Sonne am niedrigsten. Die Tage sind sehr kurz.

? Warum werden Blätter bunt?

Im Herbst beginnt die Zeit, in der sich die Bäume auf den Winter vorbereiten. Sie ziehen den grünen Farbstoff, der für ihr Wachstum wichtig ist, in ihren Stamm zurück. Dort ist er vor der Kälte geschützt. Die Farbstoffe, die im Frühling und Sommer vom Grün überdeckt wurden, kommen nun zum Vorschein und lassen das Laub in bunten Farben leuchten.

Hast du schon einmal was aus Blättern gebastelt?

? Warum schneit es im Winter?

Im Winter, wenn die Luft kalt ist, gefrieren die Wassertröpfchen in den Wolken zu Eis. Winzige Kristalle entstehen. Viele von ihnen kleben zusammen und fallen als Schneeflocken zur Erde.
Sie sehen dabei nicht immer gleich aus: Bei starker Kälte sind die Flocken fein und pulvrig. Wird es wärmer, ist der Schnee etwas feuchter und schwerer.

Unsere Erde

Unser Wetter

Tag für Tag erleben wir das Wetter: Mal scheint die Sonne, mal regnet es, es kann windig und kalt sein. Je nach Jahreszeit ist es unterschiedlich warm.

❓ Warum ist der Himmel blau?

Das Sonnenlicht kommt uns gelb oder weiß vor. In Wirklichkeit setzt es sich jedoch aus den bunten Farben des Regenbogens zusammen. Auf seinem Weg zur Erde breitet sich das Sonnenlicht in Strahlen aus. Dabei wird besonders das blaue Licht in alle Himmelsrichtungen verteilt. Darum erscheint der Himmel von unten aus blau.

❓ Wie funktioniert unser Wetter?

Ob blauer Himmel und Sonnenschein, ob Regen oder Wind – das Wetter entsteht in der Atmosphäre, einer großen Lufthülle um die Erde. Dort treffen Sonnenstrahlen, Luft und Wasser aufeinander. Die Sonne erwärmt die Erde und die Luft. Warme Luft steigt auf, kühlere folgt nach. Dabei kommt Wind auf. Bei Wärme verdunstet das Wasser und es bilden sich Wolken. Als Regen oder Schnee kommt das Wasser auf die Erde zurück – der Wasserkreislauf beginnt von Neuem.

Aus dem Wasserdampf bilden sich Wolken.

Der Wasserkreislauf

Wasser verdunstet und wird zu Wasserdampf.

Unsere Erde

❓ Warum regnet es?

Durch die warmen Sonnenstrahlen verdunstet das Wasser der Seen, Flüsse und Meere. Es steigt ähnlich wie bei kochendem Wasser in einem Topf als Wasserdampf nach oben.
Kühlt der Wasserdampf ab, bilden sich Wassertropfen und schließlich Wolken. Sobald die Tröpfchen zu schwer werden, lässt die Wolke sie fallen: Es regnet.

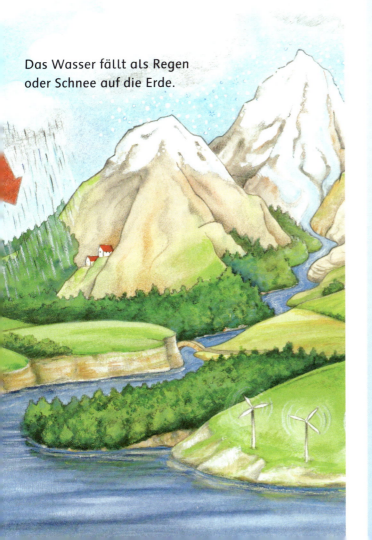

Das Wasser fällt als Regen oder Schnee auf die Erde.

Regenbogenzauber

Wenn die Sonne scheint, kannst du selbst einen Regenbogen zaubern.

Stelle dich mit dem Rücken zur Sonne und sprühe mit einem Schlauch (mit Zerstäuberdüse) Wasser in feinen Tröpfchen in die Luft. Was passiert?

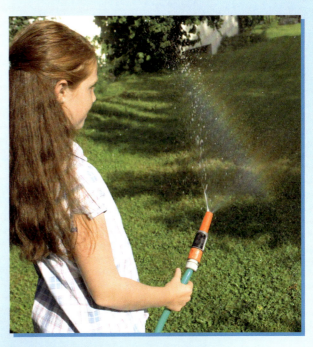

Das Sonnenlicht trifft auf die vielen kleinen Wassertröpfchen und wird in seine einzelnen Farben zerlegt – ein bunter Regenbogen entsteht.

Unsere Erde

Wenn's stürmt und bebt

Manchmal gerät das Wetter außer Rand und Band: Es regnet heftig, Keller und Straßen sind überschwemmt. Ein Sturm entwurzelt Bäume oder ein Gewitter erschreckt uns mit Blitz und Donner.

Quiz
Wer weht dir die Haare ins Gesicht?
Wer raschelt in den Blättern?

Lösung: der Wind

❓ Was ist ein Sturm?

Ein Gewitter kündigt sich oft durch starken Wind an. Dieser entsteht, wenn kalte und warme Luft aufeinandertreffen. Wind kann aus verschiedenen Richtungen kommen und unterschiedlich stark sein: Bei einem leichten Wind sprechen wir von Brise, bei starkem Wind von Sturm. Die Geschwindigkeit des Windes wird in zwölf Stärken gemessen: Ein Sturm erreicht Stärke 8 bis 11 und richtet oft Schäden an.

❓ Was passiert bei einem Gewitter?

In den Wolken reiben viele kleine Eis- und Wasserteilchen aneinander. Dabei entsteht elektrische Spannung. Sie entlädt sich in einem riesigen Funken, dem Blitz. Ähnlich wie deine Hände warm werden, wenn du sie aneinanderreibst, wird auch ein Blitz sehr heiß. Er heizt die Luft auf und lässt sie explodieren: Es donnert laut. Blitz und Donner entstehen gleichzeitig, doch die Geräusche des Donners bewegen sich langsamer zu uns als das Licht des Blitzes.

Stürmischer Wind: Windstärke 6 bis 7

Schwerer Sturm Windstärke 10 bis 11

Unsere Erde

Hast du schon einmal einen Sturm oder ein Erdbeben erlebt?

❓ Warum sind Erdbeben gefährlich?

Bei einem Erdbeben kommt die Gefahr aus dem Inneren der Erde: Die Erdplatten verschieben sich oder berühren einander und der Boden beginnt zu schwanken. Schwache Erdbeben bemerkt man manchmal gar nicht. Starke Erdbeben hinterlassen häufig große Verwüstungen: Häuser stürzen ein und Straßen bekommen tiefe Risse.

Oft schlagen Blitze in hohe Bäume ein.
Stell dich bei Gewitter deshalb nie dort unter.

In der Nähe von Flüssen kann starker Regen zu Überschwemmungen führen.

Ein Orkan mit Windstärke 12 verursacht große Schäden.

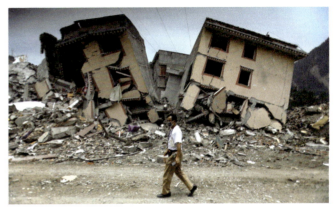

Bei uns sind Erdbeben meist nur schwach.
In anderen Ländern können stärkere Beben jedoch zu Zerstörungen führen.

Mach mit!

▶ Welches Wetter ist hier zu sehen?

Schau aus dem Fenster. Wie ist das Wetter heute bei euch?

▶ Wessen Schatten siehst du hier? Was gehört zusammen?

▶ Was stimmt hier nicht? Im linken Bild sind zwei Fehler und im rechten Bild drei.

Der Natur auf der Spur

Was wächst denn da?

Etwa 500 000 verschiedene Pflanzenarten gibt es weltweit. Dazu gehören Bäume, Sträucher, Gräser und Blumen. Pflanzen stellen Sauerstoff her, den wir zum Atmen brauchen. Ohne sie wäre auf der Erde keinerlei Leben möglich.

? Können Pflanzen atmen?
Nicht nur Menschen und Tiere, auch Pflanzen atmen ständig – aber nicht durch die Nase, sondern durch winzige Poren an den Blättern. Diese nehmen ein unsichtbares Gas, das Kohlendioxid, aus der Luft auf und verwandeln es in lebensnotwendigen Sauerstoff.

Auf einer Wiese wachsen verschiedene Gräser, Kräuter und Blumen.

Alle Pflanzen sind gleich aufgebaut: Sie haben Wurzeln, einen Stängel oder einen Stamm, Blätter und Blüten.

? Wovon ernähren sich Pflanzen?
Pflanzen stellen ihre eigene Nahrung her. Sie nehmen über ihre Blätter das Gas Kohlendioxid aus der Luft auf. Ihre Wurzeln brauchen sie, um Wasser und Mineralsalze aus der Erde zu ziehen. Mithilfe des Sonnenlichts wandeln sie Kohlendioxid, Wasser und Mineralsalze in Traubenzucker und Stärke um.

Der Natur auf der Spur

"Welche Blumen kennst du? Wie heißen deine Lieblingsblumen?"

Diese Blumen wachsen im Garten:
Schneeglöckchen, Krokus, Narzisse, Tulpe, Rose, Sonnenblume

❓ Warum sind die Blumen bunt?

Die bunten Farben der Blumen locken Bienen, Schmetterlinge und andere Insekten an. Sie besuchen die Blüten, um den süßen Nektar zu trinken. Dabei bleibt etwas Blütenstaub an ihnen hängen und gelangt so von einer Blüte zur nächsten. Die Blüte wird befruchtet und Samen für neue Pflanzen entstehen.

Knospe, Blüte, verblühter Löwenzahn, Pusteblume, Samen

Eine Biene besucht auf Nahrungssuche eine Blüte.

❓ Wie vermehren sich Pflanzen?

Nicht nur Insekten sorgen für die Vermehrung von Blütenpflanzen – auch der Wind kann die Samen weit verteilen. So passiert es beim Löwenzahn: Wenn die Pflanze verblüht ist, wird aus ihr eine Pusteblume, an der neue Samen hängen. Sie fallen leicht ab und werden vom Wind weitergetragen. Fällt ein reifer Samen auf den Boden, wächst dort im nächsten Jahr ein junges Pflänzchen.

27

Der Natur auf der Spur

Die Welt der Tiere

Kein Mensch könnte jemals alle Tiere zählen, die es auf der Erde gibt. Um einen besseren Überblick zu haben, teilen Wissenschaftler sie in Tiergruppen ein.

Skelett eines Frosches (Wirbeltier)

? Schlafen alle Tiere in der Nacht?

Nachts wenn du ins Bett gehst, werden Eule, Fledermaus und Fuchs erst wach. Für sie ist die Nacht die beste Zeit, um nach Nahrung zu suchen. Sie können deshalb besonders gut sehen, hören, riechen und tasten.

? Sprechen Tiere miteinander?

Tiere bringen vielerlei Laute hervor, um sich zu verständigen. So schnurrt oder faucht eine Katze – je nachdem, was sie mitteilen möchte. Oftmals drücken Tiere ihre Stimmung und Absicht auch über ihre Körperhaltung aus. Wenn du die Körpersprache der Tiere kennst, kannst du sie besser verstehen.

Hält ein Hund die Ohren gespitzt, wedelt freudig mit dem Schwanz und hat den Vorderkörper nach vorn geneigt, lädt er zum Spielen ein.

? Wie unterscheiden sich die Tiere voneinander?

Im Tierreich gibt es zwei große Gruppen: Wirbeltiere und Wirbellose. Wirbeltiere haben Knochen und eine Wirbelsäule. Zu ihnen gehören Vögel, Säugetiere und Fische sowie Reptilien und Amphibien. Die wirbellosen Tiere haben keine Wirbelsäule, sondern einen Panzer. Zu ihnen zählen Insekten und Krebse.

Zu welcher Tiergruppe gehören Hunde? Quiz

Lösung: Säugetiere

Der Natur auf der Spur

Vögel haben Federn, Flügel, einen Schnabel und legen Eier. Die meisten Vögel können fliegen.

Reptilien haben eine schuppige Haut. Sie legen Eier und leben an Land und im Wasser.

Säugetiere haben meist Haare auf der Haut. Sie ernähren ihre Jungen mit eigener Milch.

Amphibien (Lurche) haben eine glatte, feuchte Haut. Sie können an Land und im Wasser atmen.

Die meisten **Fische** sind mit Schuppen bedeckt. Mit den Kiemen atmen sie unter Wasser.

Die meisten Tiere gehören zu den **Wirbellosen**: Zu ihnen zählen Insekten, Spinnen, Schnecken, Würmer, Muscheln, Quallen und Krebse.

Der Natur auf der Spur

Wir entdecken unseren Wald

Einen Wald kannst du dir wie ein großes Wohnhaus mit mehreren Stockwerken vorstellen. Auf jeder Etage leben unterschiedliche Pflanzen und Tiere.

? Warum sind Wälder so wichtig?

Wälder bieten vielen Tieren Nahrung und Schutz. Die Blätter der Bäume reinigen die Luft und geben dabei lebensnotwendigen Sauerstoff ab. Die Baumwurzeln festigen den Boden. Das Moos speichert das Regenwasser und verhindert dadurch Überschwemmungen.

? Was versteckt sich da im Laub?

In der Laubschicht auf dem Boden wimmelt es nur so von Würmern, Spinnen, Käfern und Bakterien. Sie ernähren sich vom Laub der Bäume und verwandeln es in neuen, fruchtbaren Waldboden. Ameisen sorgen dafür, dass dieser aufgelockert wird.

Im Wald leben viele Tiere. Die meisten sind scheu und nur selten zu sehen.

Schließe deine Augen und stell dir vor, du bist im Wald. Was hörst und riechst du dort?

Der Natur auf der Spur

❓ Wie vermehren sich Bäume?

Die Samen der Bäume reifen in Früchten heran und sind unterschiedlich verpackt: in einer Schale, in einer stacheligen Hülle oder in einem Zapfen. Sobald ein Samen auf fruchtbaren Boden fällt, kann dort ein neuer Baum keimen.

Na so was! Auch unter der Erde leben viele Tiere: Der Regenwurm gräbt lange Röhren und der Dachs bleibt tagsüber in seinem Bau. Der Fuchs und das Kaninchen bringen unter der Erde ihre Jungen zur Welt.

Das sind die Früchte der Bäume:

- Kastanie
- Eichel
- Buchecker
- Tannenzapfen
- Fichtenzapfen
- Kieferzapfen

Wildschwein, Hirsch, Regenwurm, Wildkaninchen, Fuchs, Waldkaninchen, Igel, Hirschkäfer, Dachs

31

Der Natur auf der Spur

Das Leben am und im Wasser

Ob See oder Teich, Moor oder Tümpel, Meer oder Fluss – das Wasser bietet unzähligen Tieren einen Lebensraum. Manche von ihnen fühlen sich unter Wasser wohl, andere tummeln sich am Ufer. An der Nordseeküste findest du einen ganz besonderen Lebensraum: das Watt.

Wo lebt der Ringelwurm? *Quiz*

Lösung: im Watt

? Wie atmen Fische unter Wasser?
Wie wir Menschen brauchen auch Fische Sauerstoff zum Atmen. Dafür haben sie besondere Atemorgane, die Kiemen. Sie befinden sich hinter dem Kopf. Wenn der Fisch den Mund öffnet, fließt das Wasser durch die Kiemen.
Über kleine Blutgefäße nehmen die Fische den Sauerstoff aus dem Wasser auf.

An einem See finden viele Tiere ein Zuhause und ihr Lebensraum muss deshalb geschützt werden.

Der Natur auf der Spur

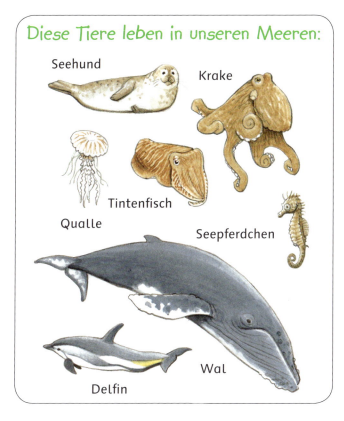

Diese Tiere leben in unseren Meeren:
Seehund, Krake, Qualle, Tintenfisch, Seepferdchen, Wal, Delfin

Was sind Ebbe und Flut?

Zweimal täglich zieht sich das Meer zurück und legt den Meeresboden frei. Dann ist Ebbe. Bei Flut steigt das Wasser wieder an. Ebbe und Flut werden durch den Mond verursacht, der die riesigen Wassermengen wie ein Magnet anzieht.

Welche Tiere leben im Watt?

Den durch Ebbe freigelegten Meeresboden nennt man Watt. Hier leben zahlreiche Würmer, Muscheln, Krebse und Schnecken. Auch Möwen, Brandgänse und andere Vögel fühlen sich dort wohl.

Im Watt ist die Küste nur bei Flut vom Wasser bedeckt.

Silbermöwe, Brandgänse, Kegelrobben, Austernfischer, Wattschnecken, Qualle, Ringelwurm, Seestern, Miesmuscheln

Der Natur auf der Spur

Wie kleine Tiere groß werden

Kätzchen kommen blind und taub zur Welt. Ein Fohlen hingegen steht schon kurz nach der Geburt auf den Beinen. Wie sich Tierkinder entwickeln, ist von Art zu Art sehr unterschiedlich.

Frisch geschlüpftes Küken

? Legen alle Tiere Eier?

Vögel brüten ihre Eier aus, Fische und Frösche legen sie im Wasser ab. Auch Insekten schlüpfen aus Eiern und durchlaufen mehrere Entwicklungsstufen, bis sie ausgewachsen sind. Säugetiere dagegen legen keine Eier. Die Tierbabys wachsen im Bauch der Mutter heran und werden nach der Geburt mit Milch gefüttert.

? Wie kommt das Küken aus dem Ei?

Das Küken pickt mit seinem Eizahn am Schnabel so lang an der Schale, bis ein kleines Loch entsteht. Nach einer Pause macht es an einer anderen Stelle weiter und ritzt so die Schale rundherum auf. Schließlich bricht die Schale auf. Das Küken drückt den Deckel hoch und schlüpft heraus.

Pferde und Katzen sind Säugetiere. Sie bleiben nach der Geburt noch einige Zeit bei ihrer Mutter.

Junge Katzen tollen gern herum.

Das Fohlen säugt bei seiner Mutter.

Der Natur auf der Spur

❓ Wie wird aus einem Ei ein Schmetterling?

Aus dem Ei schlüpft eine Raupe. Sie frisst viel und wächst. Bald spinnt die Raupe einen Faden und wickelt sich in eine Hülle ein. Diese Hülle nennt man Puppe. Platzt diese, entfaltet sich ein bunter Schmetterling.

Quiz
Wie heißt der Schmetterling, nachdem er aus dem Ei geschlüpft ist?

Lösung: Raupe

So entsteht ein Schmetterling: Eier – Raupe – Puppe – Schlüpfender Schmetterling – Schmetterling

❓ Was sind Kaulquappen?

Die Kinder von Fröschen nennt man Kaulquappen. Sie schlüpfen aus winzigen Eiern. Zunächst haben die Kaulquappen einen Schwanz und atmen durch ihre Kiemen. Später bekommen sie Beine, hüpfen an Land und atmen mit der Lunge.

Unglaublich: Ein Klumpen Laich enthält mehrere Tausend Eier.

Paarung – Laich – Kaulquappe – Frosch

Der Natur auf der Spur

So leben die Tiere im Winter

Tiere haben verschiedene Tricks, um den kalten Winter zu überstehen: Manche versinken in Winterschlaf, andere halten Winterruhe oder verfallen in Winterstarre. Ein warmes Fell schützt viele Tiere vor Schnee und Kälte.

? Welche Tiere halten Winterschlaf?
Im Winter finden viele Tiere wie Igel, Maus und Siebenschläfer nur wenig Futter. Sie fressen sich deshalb schon im Herbst ein Fettpolster an und verschlafen die Wintermonate in einer Höhle oder einem hohlen Baum. Damit die Winterschläfer keine unnötige Energie verbrauchen, darfst du sie nicht stören.

Das Eichhörnchen erwacht öfter aus seiner Winterruhe. Dann frisst es die Eicheln und Nüsse, die es im Herbst versteckt hat.

Im Winter suchen viele Tiere außerhalb des Waldes nach Nahrung.

Siebenschläfer   Igel   Maus

Der Natur auf der Spur

❓ Warum fliegen manche Vögel im Winter nach Afrika?

Ist der Boden zugefroren oder von Schnee bedeckt, finden Stare, Schwalben und andere Zugvögel keine Würmer und Insekten mehr. Sie fliegen in wärmere Länder, wo es Nahrung gibt. Vögel wie Meisen und Amseln überwintern hingegen bei uns: Sie werden auch in der kalten Jahreszeit bei der Nahrungssuche fündig.

Eidechse

Eidechsen vergraben sich im Winter im Schlamm oder unter Wurzeln.

Bastelidee

Eine Futterglocke für Vögel
Im Winter, bei Eis und Schnee, freuen sich die Vögel über zusätzliches Futter.

Du brauchst:
kleinen Tontopf, Meisenknödel, stabilen Ast, feste Schnur

Stecke die Schnur durch die Öffnung des Tontopfs und befestige daran den Meisenknödel. Hänge den Tontopf an den stabilen Ast eines Baumes.

Unter der Futterglocke sind Meisen, Finken und andere Wintervögel vor Kälte und Schnee geschützt und können ihre Körner picken.

Der Natur auf der Spur

Lebensräume der Natur

Auf der Erde gibt es unterschiedliche Lebensräume – je nachdem, auf welchem Kontinent man lebt und welches Klima dort herrscht. Tiere und Pflanzen sind von Natur aus an die verschiedenen Lebensbedingungen angepasst.

❓ Warum frieren Eisbären nicht?

Eisbären laufen auf Eisplatten umher und tauchen in eiskaltem Wasser nach Robben – trotzdem frieren sie nicht. Sie tragen ein dickes Fell, das sie warm hält. Außerdem haben sie eine dicke Speckschicht unter der Haut, die die Körperwärme nicht nach draußen lässt. So können sie auch ganz kalte Temperaturen überleben.

Neben mir siehst du die Lebensräume der Tiere. Die Farben zeigen dir, wo auf der Erde sie zu finden sind.

❓ Welche Tiere leben im Regenwald?

Der Regenwald ist die Heimat vieler Tiere. Hoch oben in den Baumkronen leben Papageien und Baumfrösche. Auf Zweigen und Ästen fühlen sich Affen, Faultiere und Schlangen wohl. Im unteren Stockwerk des Urwalds krabbeln Spinnen und Insekten. Auch Raubtiere leben hier.

38

Der Natur auf der Spur

❓ Was wächst in Tundra und Taiga?

Die Tundra ist eine karge, baumlose Landschaft im Norden von Europa und Amerika. Meist liegt Schnee, es ist kalt und windig. Die Taiga, ein riesiger Waldgürtel südlich der Tundra, besteht aus Nadelbäumen wie Fichten und Tannen. Sturm, Schnee und Frost sind dort häufig.

Wo leben die Kamele? Quiz

Lösung: in der Wüste

❓ Warum verdursten die Wüstentiere nicht?

Ein Kamel kann hundert Liter auf einmal trinken und große Mengen davon in seinem Magen speichern. Danach kann es fast zwei Wochen ohne neues Wasser auskommen. Eidechsen, Schlangen und Skorpione nehmen die Flüssigkeit, die sie zum Leben brauchen, sogar allein durch ihre Nahrung auf.

❓ Was ist eine Savanne?

Die Savanne ist ein flaches Grasland. Im Unterschied zur Wüste gibt es dort eine kurze Regenzeit, sodass auch Bäume und Sträucher wachsen. Elefanten, Löwen und Zebras sind hier zu Hause.

39

Der Natur auf der Spur

Wir schützen die Natur

Ohne die Natur könnten wir nicht leben: Die Wälder geben uns Sauerstoff zum Atmen, Flüsse und Seen versorgen uns mit Wasser. Ein achtsamer Umgang mit der Natur ist wichtig. Jeder von uns kann helfen, sie zu schützen.

Fabriken, Autos und Flugzeuge stoßen Abgase aus und verschmutzen die Luft.

Warum sind viele Tiere und Pflanzen vom Aussterben bedroht?

Müll und Abgase verschmutzen die Umwelt. Auch die Abholzung von Wäldern schadet der Natur: Durch den Eingriff der Menschen in die Natur geht der natürliche Lebensraum vieler Tier- und Pflanzenarten verloren. Deshalb stehen bei uns stark bedrohte Tiere und Pflanzen wie Fledermäuse und einige Wildpflanzenarten unter Naturschutz.

Na so was! Die Abgase aus der Luft gelangen mit dem Regen in den Boden und zerstören die Wurzeln der Bäume. Dadurch können ganze Wälder sterben.

Das Öl aus verunglückten Schiffen belastet die Umwelt. Darunter leiden auch Tiere und Pflanzen.

40

Der Natur auf der Spur

Ein kranker Baum verliert Blätter oder Nadeln. Seine Äste hängen lose nach unten.

? Wie sieht ein kranker Baum aus?

Bei einem kranken Baum verfärben sich die Blätter oder Nadeln gelblich bis braun. Im Frühjahr bildet der Baum weniger Knospen und treibt nur spärlich Nadeln oder Blätter aus. Die jungen Zweige sind schwach, ganze Äste sterben ab.

? Welche Folgen hat der Klimawandel?

Mit der Umweltverschmutzung ändert sich das Klima auf unserer Erde: Es wird immer wärmer. Davon ist vor allem der Eisbär betroffen: Die steigenden Temperaturen auf der Erde bringen das Eis unter seinen Füßen zum Schmelzen. Außerdem gehen Klimaforscher davon aus, dass es häufiger zu Stürmen, zu Dürre und Überschwemmungen kommt.

Spielidee

Umweltschutzdetektive

Bildet Gruppen und findet im und rund ums Haus viele Beispiele, wie ihr Natur und Umwelt schützen könnt.

Denkt an folgende Punkte:

Müll vermeiden

Strom und Energie sparen

Umwelt schonen

Nach einer bestimmten Zeit trefft ihr euch wieder und jede Gruppe gibt ihre Ideen weiter. Jede Idee zählt!
Wer sammelt die meisten Punkte?

Mach mit!

▶ Wie wächst der Löwenzahn? Erzähle in der richtigen Reihenfolge.

▶ Schau genau: Welche Tiere gehören nicht hierher?

▶ Welche Spur führt zu welchem Tier?

So leben wir

Wie die Zeit vergeht

Unser Leben dreht sich um die Zeit: Morgens gehst du in den Kindergarten, abends ist es Zeit zum Schlafen. Damit wir die Zeit gut planen können, teilen wir sie in Abschnitte ein: in Jahre, Monate, Wochen und Tage.

Wie sieht dein Tag aus? Erzähle! Die Bilder helfen dir.

Unseren Tag teilen wir in mehrere Tageszeiten ein, zu denen verschiedene Tätigkeiten und Mahlzeiten gehören.

So leben wir

Quiz: Wie heißen die sieben Wochentage?

Lösung: Montag, Dienstag, Mittwoch, Donnerstag, Freitag, Samstag, Sonntag

❓ Wie wird die Zeit gemessen?

Die Uhr misst Minuten und Stunden, manchmal auch Sekunden. Tage, Wochen und Monate eines Jahres findest du im Kalender. Jede Woche hat sieben Tage.

❓ Warum vergeht die Zeit manchmal so schnell?

Das hast du bestimmt schon erlebt: Du machst etwas Schönes – schon ist es dunkel und die Zeit ist wie im Flug vergangen. Wenn dir dagegen langweilig ist oder du auf etwas wartest, scheint die Zeit nur langsam zu verstreichen. Doch das empfindest du nur so – denn jeder Tag hat 24 Stunden. Sie sind alle gleich lang.

Bastelidee

Ein bunter Wochenkalender

Du brauchst:
Fotokarton, Schere, Buntstifte, alte Zeitschriften, Wäscheklammer

Zeichne einen Kreis mit 25–30 cm Durchmesser und markiere für jeden Wochentag ein Feld. Male oder klebe in jedes der sieben Felder ein Bild mit dem, was du an diesem Tag tun willst.

Ist heute Kinderchor, Turnen oder Fußball? Setze die Klammer jeden Tag ein Feld weiter.

45

So leben wir

Das Leben früher und heute

Die Zeit lässt sich nicht anhalten oder zurückdrehen. Sie läuft immer weiter. Mit der Zeit hat sich auch das Leben der Menschen verändert. Komm mit auf eine Zeitreise in die Vergangenheit – in die Steinzeit, zu den Römern und Rittern.

Na so was! Bevor das Geld erfunden wurde, tauschten die Menschen untereinander ihre Ware: zum Beispiel eine Axt gegen ein Wildschwein, ein Brot gegen ein Fell.

Steinzeit

? Wer waren die Römer?

Die Römer waren ein kriegerisches Volk. Am Höhepunkt ihrer Macht herrschten sie über ein riesiges Reich mit Rom als Hauptstadt. Doch sie führten nicht nur Kriege, sondern bauten auch prächtige Tempel und Straßen. Um den Handel zu erleichtern, verbreiteten sie Münzen als Zahlungsmittel.

Das alte Rom

? Wie lebten die Menschen in der Steinzeit?

Die Steinzeitmenschen stellten ihre Werkzeuge und Waffen aus Stein, Holz und Knochen her. Sie lebten in Höhlen, wo sie Schutz vor wilden Tieren und dem Wetter fanden. Mit dem Feuer konnten sie Fleisch rösten und sich wärmen.

Steinzeitjäger — Mammut — Tierfell — Pferdegespann — Münze — Kolosseum

Steinzeit (bis 2000 vor Christus) Antike (500 vor Christus bis 500 nach Christus)

So leben wir

Waffen und Werkzeuge:

Steinzeit	Antike	Mittelalter	Neuzeit
Faustkeil	Lanze	Pfeil	Schraubstock
Klinge	Zange	Bogen	Feile
Speer	Hammer	Schwert	Flinte

Ritterturnier

? Wofür brauchten die Ritter eine Rüstung?

Im Mittelalter kämpften die Ritter vom Pferd aus. Um sich zu schützen, trugen sie im Kampf oder bei Turnieren eine mehrteilige Rüstung aus Eisen und einen schweren Schild. Auch Schwert und Lanze gehörten zur Ausrüstung des Ritters.

? Wann fuhren die ersten Autos?

Die ersten „richtigen" Autos mit Benzinmotor wurden 1885 erfunden. Fast zeitgleich bauten Carl Friedrich Benz und Gottlieb Daimler solche „Kutschen ohne Pferd". Sie hatten kein Dach und fuhren so schnell wie ein Fahrrad.

Motorkutsche

Hochhaus

Ritterburg

Auto

Computer

Mittelalter (500 bis 1500 nach Christus)   Neuzeit (von 1500 nach Christus bis heute)

47

So leben wir

Auf dem Land

Die Felder und Wiesen auf dem Land sehen je nach Jahreszeit anders aus. Die meisten Felder gehören einem Bauern, der auf einem Bauernhof mit vielen Tieren lebt. Von dort kommen einige unserer Lebensmittel.

? Was hat der Bauer rund ums Jahr zu tun?

Der Bauer versorgt täglich seine Schweine, Kühe und Hühner. Danach arbeitet er auf dem Feld: Im Frühling sät er Getreide und andere Pflanzen. Später wird Gras gemäht und als Heu eingefahren. Im Sommer und Herbst ist Erntezeit für Getreide, Kartoffeln, Obst und Gemüse.

Futtersilo

Der Pflug gräbt die Erde um.

Welche Tiere leben auf dem Bauernhof?

Solarzellen

So leben wir

❓ Woher kommt unser Essen?

Viele Lebensmittel, die wir im Supermarkt kaufen, kommen vom Bauernhof: Das Getreide für Brot und Müsli wächst auf den Feldern. Die Milch, aus der auch Käse, Butter und Joghurt hergestellt werden, liefern Kühe. Fleisch und Wurst stammen von Rindern, Kälbern und Schweinen. Auf Feldern, in Gärten und Gewächshäusern werden Obst und Gemüse angebaut.

Diese Getreidesorten wachsen bei uns: Weizen, Gerste, Roggen, Hafer

Das Getreide wird zu Mehl gemahlen. Der Bäcker mischt aus Mehl, Wasser, Hefe und Salz einen Teig. Daraus formt er einen Brotlaib, der anschließend im Ofen gebacken wird.

Na so was! Auf einem Bio-Bauernhof werden die Tiere nicht in engen Ställen gehalten.

So leben wir

In der Stadt, da ist was los!

In der Stadt leben viele Menschen und hier herrscht eine Menge Verkehr. Damit das Leben in der Stadt gut funktioniert, gibt es das Rathaus, die Feuerwehr und die Polizei.

Quiz
Bei welcher Farbe musst du an einer Ampel stehen bleiben?

Lösung: bei Rot

In einer Stadt gibt es große Häuser und breite Straßen.

? Wofür brauchen wir die Feuerwehr und die Polizei?
Wo viele Menschen leben, kann auch mal etwas passieren. Dann helfen Feuerwehr und Polizei. Die Feuerwehr kommt, wenn es brennt, ein Keller unter Wasser steht oder bei einem Unfall zwei Autos verkeilt sind. Die Polizei regelt den Verkehr und klärt die Lage bei einem Verkehrsunfall.

Ampel

Zebrastreifen

So leben wir

❓ Warum leben so viele Menschen in der Stadt?

In der Stadt finden viele Menschen leichter Arbeit. Deshalb ziehen sie vom Land hierher. Außerdem bietet das Leben in der Stadt viel Abwechslung: Es gibt Geschäfte und Lokale, Kinos und Theater. Kindergarten und Schule sind in der Nähe.

❓ Wer arbeitet im Rathaus?

Jede Stadt hat ein Rathaus. Der Bürgermeister ist der Chef und mehrere Mitarbeiter unterstützen ihn. Im Rathaus wird entschieden, ob eine Schule gebaut, ein Freibad eröffnet oder eine Buslinie eingerichtet wird.

Spielidee

Augen auf im Straßenverkehr

Im dichten Straßenverkehr musst du vieles beachten – auch die Ampel:
Bei Grün, da darfst du gehen,
bei Rot, da musst du stehen.

Zeichne auf einem verkehrsberuhigten Platz mit Kreide eine Spielstraße auf. Dazu gehören auch ein Bürgersteig, eine Kreuzung und der Zebrastreifen.

Alle Kinder bewegen sich zu Fuß oder mit Drei- und Fahrrädern. Hält die Spielleitung das rote Tuch nach oben (oder ruft „Stopp"), müssen alle stehen bleiben. Zeigt sie das grüne Tuch, geht es mit dem Verkehr weiter.

51

So leben wir

Wo Müll und Abwasser landen

Jeden Tag werfen wir etwas weg und der Müllberg wird immer größer. Doch wir alle können dazu beitragen, Müll zu vermeiden und abzubauen.

So musst du den Müll trennen:

Wertstoffe — Sondermüll — Biomüll

Restmüll — Sperrmüll und Elektroschrott

❓ Wohin wandert unser Müll?

Jede Woche kommt die Müllabfuhr, leert die Mülltonnen aus und bringt den Müll zur Sortieranlage. Dort werden Glas, Metall und andere Wertstoffe aussortiert. Der Restmüll wird in der Müllverbrennungsanlage verbrannt. Garten- und Küchenabfälle kommen auf den Kompost im Garten oder in die Biotonne. Winzige Bakterien verarbeiten die Abfälle zu Erde.

❓ Warum trennen wir den Müll?

Glas, Papier, Plastik, Metall und Biomüll werden getrennt und in großen Behältern gesammelt. Diese Mülltrennung ist wichtig, damit der Müll weiterverarbeitet werden kann, zum Beispiel zu neuem Glas oder Papier. Vieles, was wir wegwerfen, kann auch wieder verwendet werden. Auf diese Weise lässt sich Müll vermeiden.

So leben wir

❓ Wie wird das Wasser verschmutzt?

Wir produzieren nicht nur Müll, wir verschmutzen auch viel Wasser. Beim Zähneputzen oder Autowaschen wird sauberes Wasser zu verschmutztem Abwasser. Auch eine Fabrik erzeugt reichlich Abwasser.

Wasser ist kostbar! Gehe deshalb immer sparsam damit um.

Nicht nur Fabriken verschmutzen Wasser, ...

... sondern auch wir zu Hause.

❓ Wohin fließt das Schmutzwasser?

Im Waschbecken fließt das Schmutzwasser in den Ausguss, in der Toilette in den Abfluss. Von dort wird es in ein riesiges Netz von unterirdischen Kanälen geleitet. Über diese Kanäle, die Kanalisation, gelangt das Abwasser zur Kläranlage. Hier wird es in mehreren Schritten gereinigt und gefiltert. Danach fließt das gesäuberte Wasser zurück in die Flüsse und landet über Leitungen unter der Erde wieder in Haushalten und Fabriken.

Eine Kläranlage reinigt das dreckige Wasser in mehreren Stufen, bis es wieder Trinkwasser ist.

So leben wir

Kindergarten und Schule

In vielen Orten gibt es Kindergärten und Schulen. Im Alter zwischen zwei und sechs Jahren können Kinder den Kindergarten besuchen. Danach ist es Zeit, in die Schule zu gehen.

Quiz

Wohin gehen Kinder, wenn sie sieben Jahre alt sind?

Lösung: in die Schule

? Was machen wir im Kindergarten?

Im Kindergarten findest du Freunde und Spielgefährten. Mit ihnen zusammen kannst du malen, basteln, turnen, bauen, musizieren und noch viel mehr. Dabei lernt ihr, einander zuzuhören und gut miteinander auszukommen. Die Erzieherinnen spielen mit, helfen euch und haben viele Bastelideen.

? Wann komme ich in die Schule?

Mit fünf oder sechs Jahren verbringst du dein letztes Jahr im Kindergarten und lernst in der Vorschule wichtige Dinge für die Schule. Interessierst du dich schon für Buchstaben und Zahlen? Kannst du bereits deinen Namen schreiben und kennst deine Adresse? Dann bist du bestimmt schulreif.

So leben wir

In der Schule kannst du viel lernen:

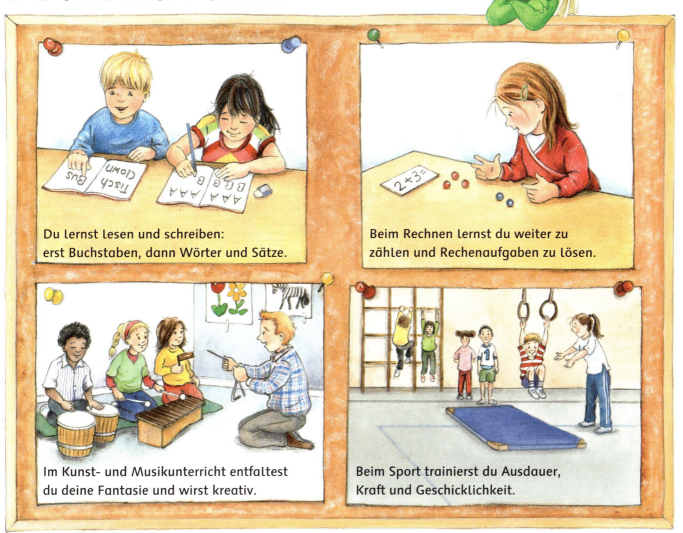

Du lernst lesen und schreiben:
erst Buchstaben, dann Wörter und Sätze.

Beim Rechnen lernst du weiter zu zählen und Rechenaufgaben zu lösen.

Im Kunst- und Musikunterricht entfaltest du deine Fantasie und wirst kreativ.

Beim Sport trainierst du Ausdauer, Kraft und Geschicklichkeit.

❓ Was brauche ich für die Schule?

In deinen Schulranzen gehören Schulbücher, Hefte und ein Mäppchen. Darin sollten Bleistifte, Buntstifte, Spitzer, Radiergummi, Lineal und eine Schere sein. Für den Kunstunterricht brauchst du einen Malkasten und Pinsel. Für den Sportunterricht brauchst du Sportkleidung und Turnschuhe.

So leben wir

Ein Leben voller Farben und Klänge

Das leuchtende Gelb der Sonnenblume, das Zwitschern der Vögel – überall sind wir von Farben und Klängen umgeben. Doch oft nehmen wir sie gar nicht wahr. Wir müssen unsere Sinne schärfen für die Schönheiten der Natur.

? Beeinflussen Farben unsere Stimmung?

Wie fühlst du dich, wenn die Sonne scheint? Wie geht es dir, wenn an einem bedeckten Tag alles grau erscheint? Farben nehmen mehr Einfluss auf deine Stimmung, als du glaubst: Sie können Geborgenheit und Wärme, aber auch Kälte und Unbehaglichkeit vermitteln.

Schau dir das Bild genau an. Schließe dann die Augen. Welche Farben siehst du vor dir?

? Was wäre unser Leben ohne Farben und Musik?

Musik und Farben bereichern unser Leben – ohne sie wäre es mäuschenstill und grau. Blumen, Kleider oder Luftballons wären eintönig. Niemand würde singen, Radio und Fernseher blieben stumm. Farben und Musik machen alles bunt und abwechslungsreich.

Mit diesen Farben kannst du malen:

Gelb Orange Rot Pink Lila Blau
Türkis Grün Hellgrün Beige Braun Schwarz

So leben wir

Wie entsteht Musik?

Musik machen kann jeder. Du musst dafür nicht unbedingt ein Musikinstrument beherrschen. Singen, pfeifen, klatschen oder schnippen – all das ist Musik. Auch Alltagsgegenstände wie Töpfe und Flaschen, gefüllt mit Sand, Reis oder Murmeln, können klingen.
Sicher hast du noch mehr solcher Ideen …

Eine bunte Wasserglasorgel
Ob beim Gestalten oder Musizieren – hier darfst du ein Künstler sein.

Du brauchst:
mehrere Gläser, Wasser, Krepppapier oder Wasserfarben, Löffel

Fülle in die Gläser unterschiedlich viel Wasser. Färbst du es noch mit Krepppapier oder Wasserfarben, leuchten die Gläser schön bunt. Schlage die Gläser vorsichtig mit einem Löffel an. Hörst du, wie unterschiedlich sie klingen? Erfinde eine schöne Melodie.

Mach mit!

▶ Schau genau: Was gab es früher noch nicht?

▶ Augen auf im Straßenverkehr! Was könnte sonst passieren?

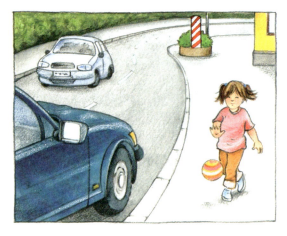

▶ Was gehört zusammen in den Müll?

Ich und die anderen

Ich und die anderen

Das bin ich

Groß oder klein, dick oder dünn, mit oder ohne Sommersprossen – jeder Mensch ist einzigartig und für seine Familie und Freunde etwas ganz Besonderes.

❓ Was macht mich einmalig?

Selbst wenn du deinen Eltern oder Geschwistern auf den ersten Blick ähnelst – jeder von euch sieht doch ein wenig anders aus und hat unterschiedliche Interessen, Vorlieben und Fähigkeiten. Nur du kannst auf deine Art lachen, reden und spielen. Deshalb bist du für deine Familie und Freunde ein ganz besonderer Mensch.

Ich kann gut schwimmen.

Wie siehst du aus? Was machst du gern? Die Bilder helfen dir.

60

Ich und die anderen

"Ich habe eine Zahnlücke."

❓ Warum habe ich einen Namen?

Dein Name hilft, dich von anderen zu unterscheiden. Mit ihm kann man dich direkt ansprechen. Oft erfinden Freunde auch lustige Spitznamen. Dein Nachname zeigt an, zu welcher Familie du gehörst.

❓ Warum bleiben wir nicht immer gleich?

Wir verändern uns ein Leben lang: Wir wachsen, werden älter und lernen ständig Neues dazu. Zu diesem Prozess gehören nicht nur körperliche Veränderungen wie Falten und graue Haare. Auch die Erfahrungen, die wir im Laufe unseres Lebens machen – ob gute oder schlechte – prägen unser Leben.

Na so was! Kein Mensch auf der Welt hat genau den gleichen Fingerabdruck wie du.

Ich und die anderen

Gemeinsam sind wir stark

Zu einer Familie zählen nicht nur die Eltern, sondern auch die Geschwister, Großeltern und Verwandte. Das Schöne daran: Alle gehören zusammen. Auch mit Freunden fühlen wir uns verbunden.

? **Warum brauchen wir eine Familie?**
Eine Familie zu haben, das bedeutet füreinander da zu sein, Geborgenheit und Zuwendung zu spüren. Deine Eltern oder Verwandten helfen dir bei Dingen, die du allein noch nicht kannst. Auch wenn vielleicht nicht immer alle einer Meinung sind: In deiner Familie erfährst du wichtige Regeln für ein gutes Miteinander.

Wer gehört zu deiner Familie? Hast du auch Geschwister?

Quiz

Wer ist ...
... der Vater deiner Mutter?
... der Sohn deiner Tante?

Lösung: Opa; Cousin

Nicht immer ist die Familie so groß. Manchmal leben die Eltern getrennt oder jemand ist gestorben.

Ich und die anderen

Freunde sind wichtig
zum Sandburgenbauen,
Freunde sind wichtig,
wenn andre dich hauen.
Freunde sind wichtig
zum Schneckenhaussuchen,
Freunde sind wichtig
zum Essen von Kuchen.
Vormittags, abends,
im Freien, im Zimmer ...
Wann Freunde wichtig sind?
Eigentlich immer!

Bastelidee

Wir gehören zusammen

Mit wem wohnst du zusammen?
Und wer ist dir besonders wichtig?
In deinem Haus haben sie alle Platz.

Du brauchst:
dünnen Karton, Farben, Schere,
Klebeband, Fotos von deiner Familie

? Wie finde ich Freunde?

Bestimmt gibt es im Kindergarten oder in eurer Nachbarschaft ein Kind, das du nett findest. Hab Mut und sprich es an. Vielleicht wartet es sogar schon darauf, mit dir zu spielen. Auch gemeinsame Interessen verbinden miteinander: Ob auf dem Spielplatz oder beim Sport – hier kannst du neue Freunde kennenlernen.

Zeichne auf Karton ein großes Haus und schneide es aus. Male das Haus an, wie es dir gefällt. Schneide die Fenster in der Mitte ein, sodass du sie nach außen aufklappen kannst. Jetzt kannst du hinter jedes Fenster ein Foto kleben oder ein Bild malen.

Ich und die anderen

Miteinander leben

Jeder von uns lebt mit seiner Familie, mit Freunden und mit Nachbarn in einer Gemeinschaft. Um friedlich miteinander auszukommen, ist es wichtig, sich zu respektieren und einander zu helfen.

? Warum sind Regeln wichtig?
Ohne Regeln gäbe es viele Unfälle und wir würden ständig über Abfall stolpern. Regeln und Gesetze sorgen für Ordnung und Sicherheit.

Schau genau: Kommen die Leute hier miteinander aus?

Ich und die anderen

❓ Warum streiten wir manchmal?

Nicht immer sind wir einer Meinung oder fühlen uns gerecht behandelt. Ab und zu kommt es selbst unter besten Freunden zu Streit. Oft merken wir erst danach, dass wir einen Fehler gemacht oder etwas zu wichtig genommen haben. Dann sollten wir uns beim anderen entschuldigen und uns schnell wieder miteinander versöhnen.

❓ Wie können wir mit anderen rücksichtsvoll umgehen?

Bestimmt magst auch du es nicht, wenn andere sich vordrängeln, dich beim Reden unterbrechen oder anschreien. Rücksichtsvoll zu sein bedeutet, sich zuzuhören, einander zu achten und sich für Fehler zu entschuldigen. Am besten ist es, du gehst mit anderen Menschen so um, wie du selbst gern behandelt werden möchtest.

So leben wir gut miteinander:

Wir begrüßen uns und verabschieden uns voneinander.

Wir bitten höflich um etwas und sagen Danke.

Braucht jemand unsere Hilfe, unterstützen wir ihn.

Wir gehen mit Tieren und Pflanzen rücksichtsvoll um.

Ich und die anderen

Was ich einmal werden möchte

Die meisten Erwachsenen üben einen Beruf aus. Oft sind sie dafür viele Stunden nicht zu Hause, sondern an ihrem Arbeitsplatz. Manche Menschen arbeiten auch von zu Hause aus.

? Wozu braucht man einen Beruf?
Menschen verdienen mit ihrer Arbeit Geld, um sich und ihre Familie zu ernähren. Auf der Arbeit kann man Kontakte zu anderen Menschen knüpfen und sich bei guter Leistung über Lob freuen.

Dein Beruf sollte dir Spaß machen. Um den richtigen zu finden, solltest du dich fragen, was du gut kannst und was du gern machst.

Ich und die anderen

Na so was! Auch nachts, wenn du schläfst, arbeiten Menschen, zum Beispiel der Krankenpfleger und die Bäckerin.

Spielidee

Backen mit Salzteig

Aus Salzteig kannst du tolle Dinge zum Spielen herstellen. Natürlich kann man diese „Backwaren" nicht essen.

Du brauchst:
eine Tasse Salz, eine Tasse Wasser, zwei Tassen Mehl, einen Schuss Speiseöl, eventuell Wasserfarben oder Klarlack und einen Pinsel

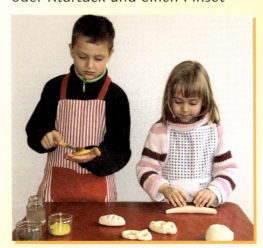

Knete die Zutaten zu einem geschmeidigen Teig. Forme Brezeln, kleine Brote oder kleine Kuchen daraus.
Lass die Backwaren auf einem Blech je eine Stunde lang bei 75 °C im Ofen trocknen und bei 150 °C backen.
Jetzt kannst du sie mit Wasserfarben anmalen oder mit Klarlack überziehen.

In der Natur und mit Tieren

Was willst du einmal werden? Spiele den Beruf nach, ohne zu sprechen.

67

Ich und die anderen

Kinder dieser Welt

Überall auf der Welt leben Kinder. Ihre Gewohnheiten, ihr Aussehen und ihre Sprache unterscheiden sich sehr.

Weltweit gibt es mehr als 6500 Sprachen. Kennst du die Sprache der Kinder im Bild?

Italienisch · Französisch · Deutsch · Russisch · Englisch · Spanisch · Japanisch

❓ Warum haben nicht alle Kinder die gleiche Hautfarbe?

In manchen Ländern der Erde scheint die Sonne besonders intensiv. Darauf hat sich die Haut eingestellt. Die dunklere Hautfärbung dient als Schutz vor der starken Sonnenstrahlung.

Kennst du Kinder aus anderen Ländern? Was weißt du über sie?

Ich und die anderen

❓ Wie leben Kinder in anderen Ländern?

Während Kinder in einigen Erdteilen mit großer Hitze und Dürre leben müssen, wachsen andere in oft kalten Gegenden auf. In manchen Ländern sind die Menschen so arm, dass sie weder für Essen noch für eine schöne Wohnung oder ein richtiges Bett Geld haben. Oft müssen die Kinder schon hart arbeiten. Sie haben kaum Zeit zum Spielen und gehen nicht zur Schule.

Das essen Kinder in anderen Ländern: Reis, Spaghetti, Maisbrei, Falafel, Sushi, Tortilla

In Afrika schlafen Kinder in Hütten aus Lehm und Stroh. Im Inneren bleibt es trotz Hitze kühl.

In Südamerika müssen manche Kinder auf der Straße leben. Sie decken sich mit Papier zu.

Kinder von Nomaden wandern mit Kamelen durch die Wüste. Sie leben in Zelten.

Ein Haus aus Schneeblöcken schützt die Kinder vor der eisigen Kälte in der Arktis.

Ich und die anderen

Verschieden und doch gleich

Schon immer haben sich die Menschen gefragt, woher sie kommen und was nach dem Tod passiert. Viele finden in der Religion Antworten auf diese Fragen. Das verbindet sie – egal, an welchen Gott sie glauben.

Was glauben Christen?
Christen glauben, dass Jesus Christus als Sohn Gottes auf die Welt kam, um die Menschen zu retten und ihnen ein Vorbild zu sein. Jesus liebte alle Menschen und lehrte diese Nächstenliebe. Er ist am Kreuz gestorben und nach seinem Tod auferstanden. Das Kreuz ist daher für Christen ein Zeichen ihres Glaubens.
In der Bibel, der Heiligen Schrift, wird im Neuen Testament vom Leben Jesu erzählt.

Kreuz

Na so was! Christen, Juden und Moslems glauben an einen einzigen Gott. Die Anhänger des Hinduismus, die Hindus, glauben dagegen an viele verschiedene Götter.

Diese Kinder sind Angehörige der fünf großen Weltreligionen: Islam, Judentum, Hinduismus, Buddhismus und Christentum (von links).

In ihren Gotteshäusern treffen sich Gläubige zum Gottesdienst.

Ich und die anderen

In der Moschee versammeln sich gläubige Muslime fünfmal am Tag zum Gebet.

❓ Buddha – wer war das?

Buddha lebte vor etwa 2500 Jahren in Indien. Wegen seiner Weisheit nannten ihn die Menschen Buddha, den Erleuchteten. Buddha ist der Gründer des Buddhismus und Vorbild für alle Buddhisten. Oft wird er als meditierender Mönch dargestellt. Meditation ist eine Übung, bei der man sich aufrecht hinsetzt und sich auf seine Gedanken konzentriert. Buddhisten glauben daran, dass sie nach einem Leben wiedergeboren werden. Mit guten Gedanken und Taten wollen sie bewirken, dass ihr nächstes Leben besser wird.

❓ Was ist der Islam?

Die Anhänger des Islam heißen Muslime. Wie Christen und Juden glauben auch sie an nur einen Gott, den sie Allah nennen. Im Koran, der Heiligen Schrift des Islams, steht die Botschaft Allahs, die der Prophet Mohammed den Menschen verkündete. Auch fünf Gebote für das Alltagsleben der Muslime finden sich dort. Zu den wichtigsten gehören das tägliche Gebet, kleine Spenden an die Armen und das Fasten im Monat Ramadan. Während dieser Zeit dürfen Erwachsene, solange es hell ist, weder essen noch trinken. Das Symbol des Islams ist die Mondsichel.

Mondsichel mit Stern

❓ Woran glauben Juden?

Juden glauben an einen einzigen unsichtbaren Gott und Schöpfer. Sie nennen ihn Jahwe. Seine Gebote stehen in der Thora, der Heiligen Schrift der Juden. Sie sagt den Gläubigen, wie sie ihren Gott verehren und mit ihren Mitmenschen umgehen sollen.

Von Freitagabend bis Samstagabend feiern die Juden Sabbat, den Ruhetag. Dieser Tag gilt bei gläubigen Juden ganz dem Gebet und der Ruhe im Kreise der Familie.

Davidstern

Menora

Quiz: Wie heißen die Heiligen Bücher im Christentum und im Islam?

Lösung: Bibel; Koran

Ich und die anderen

Wir feiern heute ein Fest

Überall auf der Welt werden zu bestimmten Anlässen Feste gefeiert. Manche dauern sogar mehrere Tage. Feste bringen Abwechslung und viel Freude in unser Leben.

Am Geburtstag freuen sich Familie und Freunde, dass es dich gibt.

Beim Straßenfest lernen sich Nachbarn kennen und feiern.

An Ostern macht die Eiersuche im Grünen allen Spaß.

Am Erntedankfest danken wir Gott für Essen und Trinken.

? Welche Feste feiern wir?
Im Mittelpunkt eines Festes stehen oft Menschen, zum Beispiel am Geburtstag, am Muttertag oder bei der Hochzeit. Viele Feste gehören fest in den Jahreslauf: So feiern wir an Silvester in das neue Jahr oder tragen an St. Martin Laternen umher. Feste wie Weihnachten und Ostern erinnern an bestimmte Ereignisse aus der Religion. Die Freude über einen gelungenen Tag, ein großes Ereignis oder eine schöne Erinnerung – all das ist Anlass zum Feiern.

Ich und die anderen

❓ Was gehört zu einem Fest?

Ein Fest hebt sich vom Alltag ab. Es muss nicht viel kosten: Tischschmuck, leckeres Essen, Musik, Spiele und Tänze – und schon kann man mit Feiern beginnen …

Laterne, Adventskranz, Kuchen, Geschenk, Weihnachtsbaum, Kerzen, Osternest, Girlanden

❓ Wird überall Weihnachten gefeiert?

Überall in der Welt wird von Christen auf verschiedenste Weise Weihnachten gefeiert. Am Heiligen Abend gedenken sie der Geburt von Jesus Christus und freuen sich über Geschenke. In Deutschland warten die Kinder auf das Christkind, in England füllt Santa Claus über Nacht die Strümpfe am Kamin. Muslime kennen Weihnachten nicht. Dafür feiern sie das Zuckerfest, ein großes Fest, mit dem sie den Fastenmonat Ramadan beenden und an dem sie viel Süßes essen.

Bastelidee

Kerzenschein und Lichterglanz

Mit bunten Tischlaternen sorgst du bei jedem Fest für eine tolle Dekoration.

Du brauchst:
Seidenpapier und Geschenkpapier, Schere, Kleister, Pinsel, Marmeladengläser, Teelichter

Rühre den Kleister mit Wasser an. Reiße das Papier in kleine Schnipsel. Bestreiche die Gläser mit Kleister und beklebe sie mit den Papierschnipseln. Mit Teelichtern bringst du deine Tischlaternen zum Leuchten.

Mach mit!

▶ Wie kannst du hier helfen?

▶ In welchem Beruf arbeiten diese Menschen? Wer braucht was?

▶ Zu welchen Festen gehören diese Dinge?

Mein Körper

Mein Körper

So wachsen wir

Das Leben eines Menschen entsteht, wenn sich zwei winzige Zellen vereinen. Von diesem Moment an wächst ein kleines Lebewesen im Bauch der Mutter. Neun Monate später kommt das Baby auf die Welt.

❓ Wie findet das Baby in den Bauch?

Haben sich eine Frau und ein Mann sehr lieb, kuscheln sie gern miteinander. Der Mann steckt seinen Penis in die Scheide der Frau. Dabei spritzt etwas Flüssigkeit aus dem Penis. In der Scheide verschmilzt eine Eizelle mit einer männlichen Samenzelle. Das nennt man Befruchtung. Innerhalb von neun Monaten entwickelt sich aus der Eizelle ein Baby. Wird es dem Baby im Bauch zu eng, ist es reif für die Geburt.

So entwickelt sich ein Baby im Mutterleib.

Na so was! Das Baby ist über die Nabelschnur mit der Mutter verbunden. So bekommt es alles, was es zum Wachsen braucht.

Baby — Kleinkind

Mein Körper

? Was brauchen wir zum Wachsen?

Damit dein Körper wachsen kann, musst du dich gesund ernähren und viel trinken. Besonders Milch, Eier, Obst und Gemüse enthalten Nährstoffe, die für dein Wachstum wichtig sind. Auch Bewegung an der frischen Luft sowie genügend Schlaf tun deinem Körper gut.

? Junge oder Mädchen – Wo liegt der Unterschied?

Jungen und Mädchen unterscheiden sich durch ihre Geschlechtsorgane: Mädchen haben eine Scheide (1). Sie wird durch zwei Hautfalten, die Schamlippen (2), geschützt. Jungen besitzen einen Penis (3) und einen Hodensack (4). Ab etwa zehn Jahren wachsen den Mädchen Brüste, bei Jungen vergrößern sich Penis und Hoden.

? Wann hört der Körper mit Wachsen auf?

In den ersten Jahren wächst dein Körper sehr schnell: Du wirst größer und kräftiger, weil die Knochen und Organe wachsen. Zwischen 11 und 16 Jahren bekommen die Mädchen allmählich eine weibliche Figur und auch die Jungen werden männlicher. Im Alter von etwa 20 Jahren ist der Körper ausgewachsen.

Kindergartenkind — Schulkind — Jugendlicher — Erwachsener

77

Mein Körper

In meinem Körper

Der Körper ist bei allen Menschen gleich aufgebaut: Er besteht aus Knochen, Muskeln, Blutgefäßen und Organen wie Lunge und Herz. Sie sind die Bausteine unseres Körpers und haben besondere Aufgaben.

Wofür haben wir Knochen?

Unser Körper wird von einem Knochengerüst, dem Skelett, gestützt. Über 200 verschieden große Knochen halten uns aufrecht und schützen wichtige Organe wie Lunge, Herz und das Gehirn.

Zu unseren wichtigsten Organen zählt die Lunge. Sie nimmt den lebenswichtigen Sauerstoff auf.

Wie atmen wir?

Durch Nase und Mund atmen wir frische Luft ein. Sie strömt durch die Luftröhre in die Lungenflügel und gelangt in die Millionen winziger Lungenbläschen. Von dort wird der Sauerstoff aus der Luft vom Blut in den Körper befördert. Beim Ausatmen geben die Lungen verbrauchte Luft wieder ab.

Kannst du spüren, wie sich deine Brust beim Atmen hebt und senkt?

78

Mein Körper

? Wozu brauchen wir unser Blut?

Das Blut versorgt unseren Körper mit Sauerstoff und Nährstoffen. Es besteht aus Plasma. Darin schwimmen rote und weiße Blutkörperchen sowie Blutplättchen. Rote Blutkörperchen geben dem Blut nicht nur seine Farbe – sie befördern auch Sauerstoff aus der Lunge in den Körper. Wenn du krank wirst, greifen weiße Blutkörperchen als Schutztruppe ein. Schlägst du dir das Knie blutig, verschließen Blutplättchen die Wunde.

Arterien befördern sauerstoffreiches Blut (Rot) vom Herzen weg. Durch Venen kommt sauerstoffarmes Blut (Blau) zum Herzen zurück.

Na so was! Unser Herz arbeitet wie eine Pumpe. Es schlägt pausenlos und befördert unser Blut durch den Körper.

Herz

Bei einem Erwachsenen ist das Herz so groß wie eine Faust.

Bausteine unseres Körpers:

Muskeln Knochen Gelenke Nerven Gehirn Lunge Herz Blut

79

Mein Körper

Was mein Körper alles kann

Laufen, sprechen, essen, kauen – was dein Körper alles kann, ist erstaunlich. Das klappt nur, weil alle Körperteile zusammenarbeiten. Gemeinsam sorgen sie dafür, dass dein Körper funktioniert.

Was macht uns beweglich?

Das Skelett gibt unserem Körper zwar Halt, doch die Knochen können sich nicht von allein bewegen. Dazu brauchen sie die Hilfe der Gelenke und Muskeln. Gelenke lassen sich beugen oder drehen. Viele der Muskeln sind durch eine Art Band, die Sehnen, mit den Knochen verbunden. Auch wenn du schläfst: Irgendeiner der rund 650 Muskeln arbeitet immer.

Wenn du deinen Arm beugst oder streckst, spürst du, wie sich deine Muskeln zusammenziehen oder strecken.

Na so was! Du brauchst mehr als 40 Muskeln, um ein böses Gesicht zu ziehen, aber nur 17 Muskeln, um zu lächeln.

Bewegung trainiert deine Muskeln und tut deinem Körper gut.

Mein Körper

❓ Warum können wir sprechen?

Beim Sprechen strömt die Luft aus der Lunge an den Stimmbändern vorbei. Dadurch werden diese in Schwingung versetzt und es entstehen verschiedene Geräusche. Durch die Bewegung unserer Lippen, Backen und der Zunge werden sie zu Lauten geformt.

❓ Womit kauen wir?

Unsere Zähne zerkleinern die Nahrung und erleichtern so die Verdauung. Die Schneidezähne schneiden das Essen in mundgroße Stücke. Die Eckzähne helfen beim Festhalten und Zerreißen der Nahrung. Unsere kräftigen, großen Backenzähne sind Meister im Kauen.

- Speiseröhre
- Magen
- Dünndarm
- Dickdarm

- Schneidezahn
- Eckzahn
- Weisheitszahn
- Backenzahn

Erwachsene haben 28 Zähne. Oft wachsen noch vier Weisheitszähne nach.

❓ Wie verdauen wir unser Essen?

Das Essen wird vor dem Schlucken zerkleinert und mit Speichel vermischt. Über die Speiseröhre gelangt es in den Magen. Dort wird die Nahrung mit dem sauren Magensaft zu einem weichen Brei geknetet. Im Dünndarm, der etwa achtmal so lang ist wie du selbst, wird dieser weiter zerlegt. Verdaute Nahrungsteilchen wandern über das Blut in deinen Körper. Die Abfallstoffe sammeln sich im Dickdarm und werden schließlich ausgeschieden.

Quiz: Wie viele Zähne hat ein Erwachsener?

Lösung: 28 Zähne und oft vier Weisheitszähne

Mein Körper

Mit allen Sinnen

Fühlen, Hören, Sehen, Riechen und Schmecken – all das kannst du mithilfe deiner Sinnesorgane. Im Gehirn werden die vielen Sinneseindrücke verarbeitet.

? Wie fühlen wir?

Unsere Haut ist das Sinnesorgan, mit dem wir fühlen. Sie spürt, ob etwas rau oder glatt, fest oder weich ist. Unsere Fingerspitzen sind besonders empfindlich. Sobald wir etwas berühren, schicken sie diese Signale an unser Gehirn weiter.

? Wie hört unser Ohr?

Unser Ohr funktioniert wie ein Trichter: Es fängt alle Geräusche auf und leitet sie in den Gehörgang weiter. Dort fängt das Trommelfell an zu schwingen. Diese Schwingungen werden an die Gehörknöchelchen und dann an die Ohrschnecke übertragen. Sie sendet über den Hörnerv Signale an unser Gehirn.

? Wie funktioniert unser Auge?

Durch die Pupille fällt Licht auf die Netzhaut. Dort nehmen Sinneszellen Licht und Farben wahr und melden sie über den Sehnerv an das Gehirn.

82

Mein Körper

❓ Womit riechen und schmecken wir?

Unsere Nase ist das Sinnesorgan zum Riechen. In der Nasenhöhle sitzen die Riechhärchen. Sie nehmen die unterschiedlichen Gerüche auf.

Mit der Zunge schmecken wir. Sie ist mit Millionen von Geschmacksknospen bedeckt. Damit kann sie vier Geschmacksrichtungen unterscheiden: süß wie Bonbons, salzig wie Brezeln, sauer wie saure Gurken oder bitter wie Oliven. Beim Essen arbeiten Nase und Zunge zusammen.

Experiment

Schlaraffenland der Sinne

Lass dir deine Augen verbinden. In jeder Runde werden dir nun zwei verschiedene Genussmittel (wie zum Beispiel Obst, Gemüse, Brot, Tee) für das Experiment gereicht.

Welche deiner Sinne funktionieren besonders gut? Probiere es aus.

1. Was kannst du *riechen*?
2. Was kannst du *fühlen*?
3. Was kannst du *schmecken*?
4. Was kannst du *hören*, wenn jemand isst oder trinkt?

Die vielen Sinneseindrücke werden von Auge, Nase, Ohren, Haut und Zunge über Nervenbahnen an das Gehirn weitergeleitet.

Mein Körper

Fröhlich, traurig und mal wütend

Das kennst du bestimmt: Mal bist du fröhlich und gut gelaunt, mal fühlst du dich traurig oder könntest platzen vor Wut. Kein Teil des Körpers verrät so viel über Gefühle wie unser Gesicht.

Wenn etwas Schönes geschieht, sind wir fröhlich. Sehen wir etwas Interessantes, werden wir neugierig. Wann hast du diese Gefühle?

fröhlich — traurig — ängstlich — neugierig — überrascht — beleidigt

? Warum zeigen wir Gefühle?
Wer seine Gefühle nicht versteckt, wird oft auch ohne Worte verstanden: Wenn du weinst, zeigst du anderen, dass du traurig bist. Mit einem Lächeln drückst du deine Freude aus. Wenn du Angst hast, kann man das oft an deiner ganzen Körperhaltung sehen.

Quiz: Welche Gefühle drücken die Kinder auf dem Bild aus?

Lösung: Wut, Freude, Traurigkeit, Fröhlichkeit

Mein Körper

❓ Was passiert, wenn wir Angst haben?

Ein lautes Geräusch, ein kleines Tier – vieles kann in uns Angst auslösen. Der Körper reagiert auf dieses Gefühl manchmal recht stark: Wir reißen die Augen weit auf, werden blass und atmen schneller. Auch das Herz beginnt zu rasen. Wir versuchen, der Situation zu entkommen, oder wir ducken uns und versuchen, uns so zu schützen.

❓ Was hilft, wenn ich wütend bin?

Jemand hat dich angelogen oder etwas klappt nicht: Wie sich Wut anfühlt, weißt du bestimmt. Lass in solchen Momenten deine Gefühle heraus, denn schlechte Laune macht auf Dauer krank. Rede darüber und tobe dich aus – aber ohne anderen dabei wehzutun.

Spielidee

Wenn ich glücklich bin ...

Zu diesem Lied nach der Melodie von „Von den blauen Bergen kommen wir" kannst du singen, tanzen und spielen. Fallen dir noch mehr Strophen ein?

Bist du traurig, ja dann weine ruhig einmal, (schluchzen) ...

Bist du wütend, ja dann stampfe mit dem Fuß ...

Bist du albern, ja dann gacker wie ein Huhn ...

Bist du fröhlich, ja dann klatsche in die Hand ...

(Text und Melodie überliefert)

85

Mein Körper

Das tut mir gut!

Um uns in unserem Körper richtig wohlzufühlen, brauchen wir mehr als nur Essen und Trinken. Genügend Schlaf, Bewegung und sorgfältige Körperpflege tragen zu unserem Wohlbefinden bei. Nähe und Geborgenheit tun einfach gut.

Welche Dinge tun dir gut? Wo fühlst du dich wohl?

❓ Warum müssen wir schlafen?

Im Schlaf erholt sich der Körper von den Anstrengungen des Tages. Dabei bildet er besondere Stoffe, die für das Wachstum sehr wichtig sind. Vor allem Kinder brauchen deshalb viel Schlaf. Auch wenn wir uns nicht immer erinnern: Im Schlaf träumen wir und wir verarbeiten dabei die Erlebnisse vom Tag. Bei Schlafmangel sind wir anfälliger für Krankheiten.

❓ Wieso tut Bewegung gut?

„Wer rastet, der rostet", heißt ein altes Sprichwort. Und es stimmt: Wenn du müde bist, hilft es oft schon, dich zu recken und zu strecken. Gut trainierte Muskeln schützen die Gelenke und können dich bei einem Sturz besser auffangen. Außerdem bietet Bewegung eine gute Gelegenheit, mit Freunden Spaß zu haben.

86

Mein Körper

So fühlst du dich in deinem Körper wohl:

Baden und Haare waschen tut nicht nur gut, sondern reinigt auch von Schweiß und Schmutz.

Damit deine Zähne gesund bleiben, solltest du sie nach jeder Mahlzeit putzen.

Regelmäßige Nagelpflege schützt vor Krankheitserregern wie Bakterien.

Warum ist es manchmal schön zu kuscheln?

Menschen brauchen Zuwendung und Liebe, damit sie sich wohlfühlen. Durch die Nähe zu Menschen, die uns wichtig sind und denen wir vertrauen, fühlen wir uns geliebt und geborgen. Die Nähe unserer Familie und Freunde schenkt uns Sicherheit.

Mein Körper

So bleibe ich gesund und fit

Wer gesund und fit bleiben möchte, muss sich abwechslungsreich ernähren und viel bewegen. Wichtige Nährstoffe und Vitamine schenken dem Körper Kraft und Energie, damit er wachsen und seine Aufgaben bewältigen kann.

? Wie sieht gesundes Essen aus?
Der Ernährungskreis zeigt dir, wie viel du wovon essen solltest. Getreideprodukte und Kartoffeln enthalten wichtige Kohlenhydrate. Obst und Gemüse sind reich an Vitaminen. Milchprodukte, Fisch, Fleisch und Eier liefern uns gesundes Eiweiß.

Milchprodukte, Eier, Fleisch, Fisch und Wurst

Getreideprodukte, Kartoffeln, Reis und Mais

Trinke täglich mindestens 1 Liter.

Obst wie Äpfel, Birnen, Trauben, Bananen, Kirschen, Nüsse, Orangen …

Gemüse wie Salat, Paprika, Gurken, Tomaten, Karotten, Erbsen …

Mein Körper

? Was kann ich tun, um fit zu bleiben?

Regelmäßige Bewegung stärkt nicht nur deine Abwehrkräfte, sondern beugt auch Haltungsschäden und Übergewicht vor. Ball spielen, draußen herumtollen, tanzen, hüpfen – all das macht Spaß und bringt Kreislauf und Muskeln in Schwung. Bewegen kannst du dich fast überall. Also, los geht's: Auf an die frische Luft!

Zu wem gehst du, wenn du dich krank und schlapp fühlst?

Lösung: zum Arzt

Ein lustiges Gemüsegesicht

Mit Gemüse kann man leckere Gerichte kochen – und sogar ein lustiges Gesicht basteln!

Nimm einen Reispuffer oder die Unterseite eines Brötchens und streiche Quark darauf. Lege aus kleinen Karottenstückchen einen lachenden Mund.
Eine Gurkenscheibe und zwei Radieschenscheiben werden zu Nase und Augen.
Als Haare kannst du Petersilie oder Salat nehmen. Nun fehlen nur noch die Ohren aus halben Tomatenscheiben …

… und fertig ist das lustige Gemüsegesicht!

Mach mit!

▶ Was verändert sich von Bild zu Bild? Erzähle.

▶ Mit welchen Sinnen nehmen die Kinder die Dinge wahr?

▶ Was gehört zu einem gesunden Essen? Was nicht?

Buchstaben, Formen und Zahlen

Rund ums ABC

Ob auf der Straße, beim Einkaufen, zu Hause oder im Kindergarten: Überall kannst du Buchstaben und Wörter entdecken. Kennst du schon ihre Bedeutung? Schau genau.

Überall sehen wir Buchstaben und Wörter. Was steht hier alles?

❓ Wozu brauchen wir Buchstaben?

Buchstaben machen es möglich, jemandem etwas mitzuteilen, ohne dabei zu sprechen. Das gesprochene Wort können wir mit Buchstaben auf Papier festhalten. Ohne Buchstaben gäbe es weder Bücher noch Zeitungen. Niemand könnte nachlesen, welcher Name am Klingelschild steht, wie eine Straße heißt oder wie man den neuen Fernseher bedient.

❓ Was ist das ABC?

Ein Wort besteht aus verschiedenen Buchstaben, die beim Schreiben aneinandergereiht werden. Oft stehen die Buchstaben für einzelne Laute. Wenn du ein Wort langsam sprichst, kannst du die einzelnen Laute hören. Unser Alphabet besteht aus 26 verschiedenen Zeichen. Im Buchstabenhaus auf der rechten Seite findest du zu jedem Buchstaben ein passendes Bild.

Buchstaben, Formen und Zahlen

Buchstaben, Formen und Zahlen

Schreiben und lesen

Wer schreiben und lesen kann, hat es im Alltag leichter. Hätten wir keine Buchstabenschrift, müssten wir alles mit Bildern und Zeichen ausdrücken. Das würde jedes Mal lange dauern und wäre oft nur mit Mühe zu verstehen.

Na so was! Schon vor vielen Tausend Jahren verwendeten die Ägypter Schriftzeichen. Mal schrieb man sie von rechts nach links, mal von oben nach unten.

Woher kommt die Schrift?

Schon in der Steinzeit begannen Menschen alles, was ihnen wichtig war, mit Erdfarben und Kohle an ihre Höhlenwände zu malen. Aus Bildern wurden dann Bildzeichen, die in Stein, Knochen, Holz und Tierhaut geritzt oder gemalt wurden. Daraus entwickelte sich schließlich eine Zeichenschrift.

Schreiben in der Steinzeit

Die Ägypter ritzten die Hieroglyphen in Stein oder schrieben sie mit Tinte auf Papyrusblätter.

Wer hat das ABC erfunden?

Vermutlich zeichneten die Phönizier vor über 3000 Jahren das erste ABC auf. Sie entdeckten, dass jede Sprache aus Lauten besteht, und schrieben diese als Buchstaben auf. Das ABC verbreitete sich schnell, denn es bestand nun aus weniger als 30 Buchstaben. Sie waren einfacher zu lernen als Tausende von Hieroglyphen.

Buchstaben, Formen und Zahlen

❓ Womit kann ich schreiben?

Früher wurde mit einer Gänsefeder und Tinte geschrieben. Heute hast du mehr Auswahl: Du kannst Kreide, Stifte, Füller, Computer und sogar das Handy benutzen.

❓ Warum ist lesen wichtig?

Wenn du erst einmal lesen kannst, wirst du entdecken, wie schön es ist, auf eigene Faust spannende Geschichten im Buch zu erleben. Du erfährst Dinge, die dich interessieren, und lernst nebenbei eine Menge neuer Wörter kennen. Wer viel liest, dem fällt es meist auch leichter zu lernen.

Bastelidee

ABC-Buch

Mit dem ABC-Buch kannst du schreiben und lesen üben.

Du brauchst:
Fingerfarben, gelochte Blätter, alte Zeitschriften, Klebstoff, Geschenkband, Locher

Male mit den Fingerfarben je einen Buchstaben des ABC auf das Blatt. Schau zur Hilfe noch einmal im Buchstabenhaus auf Seite 93 nach. Welche Dinge beginnen mit diesem Buchstaben? Male oder klebe sie auf. Loche die Seiten und binde sie mit Geschenkband zusammen.

Buchstaben, Formen und Zahlen

Vom Kreis zum Würfel

Ein ovales Ei, ein runder Teller, eine eckige Kiste – alles hat eine bestimmte Form. Du kannst sie auch mit deinen Händen ertasten.

Suche nach runden Formen in deinem Zimmer!

? Welche Formen gibt es bei uns zu Hause?

Fenster und Türen haben die Form eines Rechtecks. Hinter einem Teller und deiner Lieblings-CD versteckt sich ein Kreis. Das Buch und die Milchtüte sind nichts anderes als Quader. Der Spielwürfel ist natürlich ein Würfel. Und dein Ball und die Murmel sehen aus wie eine Kugel.

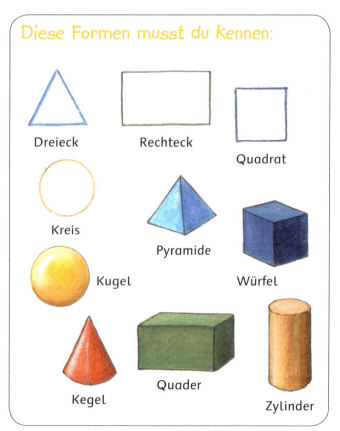

Diese Formen musst du kennen:
Dreieck, Rechteck, Quadrat, Kreis, Pyramide, Würfel, Kugel, Kegel, Quader, Zylinder

Buchstaben, Formen und Zahlen

❓ Warum kann die Kugel rollen?

Fahre mit der Hand über einen Ball. Spürst du seine Rundung? Wenn du den Ball anstößt oder auf ein schiefes Brett legst, beginnt er zu rollen. Das ist möglich, weil er weder Ecken noch Kanten hat. Quader und Würfel stehen dagegen fest auf ihren geraden Flächen. Was meinst du: Kannst du mit Murmeln einen Turm bauen?

Bei den Formen über mir stimmt doch etwas nicht!

Buchstaben, Formen und Zahlen

Hereinspaziert ins Zahlenland

In Büchern, an Hauswänden, auf Uhren und auf Geldscheinen – überall findest du Zahlen. Sie helfen uns dabei, dass wir uns im Alltag zurechtfinden. Schau genau: Welche Zahlen kennst du schon?

? Wofür brauchen wir Zahlen?
Wir zählen, rechnen und messen mit Zahlen. Ohne Zahlen wüsstest du nicht, wie groß und wie alt du bist, wie viel Geld ein Apfel kostet und wie viel ein Brot wiegt. Und ob du 2 oder 5 Lutscher kaufst, macht einen großen Unterschied. Zahlen helfen auch, Dinge zu ordnen: Findest du den 3. Wagen vom Zahlenzug?

Buchstaben, Formen und Zahlen

Spielidee

❓ Gab es schon immer Zahlen?

Früher kannten die Menschen noch keine Zahlen. Sie zählten und rechneten beim Einkaufen und Verkaufen mithilfe von Fingern. Die Inka, ein früheres Volk aus Südamerika, knüpften Knoten in ein Seil. Für größere Mengen reichten diese Hilfsmittel jedoch nicht aus. So begann man, Zahlen auf Kerbhölzern darzustellen. Daraus entwickelten sich allmählich die heutigen Zahlen.

Eins, zwei, drei, vier – wie viele Dinge liegen hier?

Du brauchst:
eine Schale mit Kastanien, Eicheln, Nüssen, Steinen …

Jeder nimmt sich eine Handvoll aus der Schale und legt sie vor sich hin. Wer hat mehr Kastanien, wer weniger Eicheln? Wer hat gleich viele Steine? Und wer die meisten Nüsse? Schätzt.

Kerbholz

Sortiert dann die Häufchen und legt immer fünf oder zehn Stück nebeneinander. Jetzt wird gezählt.

Quiz: Wie viele Ritze siehst du im Kerbholz? Zähle genau!

Lösung: sieben

99

Buchstaben, Formen und Zahlen

Messen, wiegen, rechnen

Kleiner oder größer, leicht oder schwer, mehr oder weniger? Wer es genau wissen möchte, muss messen, wiegen und mit verschiedenen Zahlen rechnen.

? Was können wir messen und wiegen?

Wie groß ist ein Baum? Wie lang ist eine Gurke? Mit Messgeräten wie Meterband und Lineal kann man Längen messen. Willst du wissen, wie viel Äpfel und Birnen wiegen oder wie schwer du bist, brauchst du eine Waage. Mit der Uhr messen wir die Zeit. Auch die Temperatur und Flüssigkeiten wie Wasser und Milch lassen sich messen.

Mit diesen Dingen kannst du messen und wiegen: Thermometer, Lineal, Uhr, Waage, Messlatte, Maßband, Messbecher

100

Buchstaben, Formen und Zahlen

❓ Wie rechnen wir eigentlich?

Zum Rechnen verwenden wir verschiedene Rechenzeichen. Das *Plus* bedeutet: Hier wird zusammengezählt. Du hast einen Apfel und bekommst zwei Äpfel dazu.
Du rechnest: 1 *plus* 2.

Vor dem Ergebnis steht das Gleich-Zeichen. Es bedeutet: Auf jeder Seite ist *gleich viel*: 1 Apfel plus 2 Äpfel ist *gleich viel* wie 3 Äpfel.

1 + 2 = 3
Jetzt habe ich 3 Äpfel!

Experiment

Schätzen und wiegen

Wiege die Dinge in deinen Händen. Schätze, was jeweils schwerer ist.

a) Apfel — Banane

b) Murmel — Zahnbürste

c) Radiergummi — Büroklammer

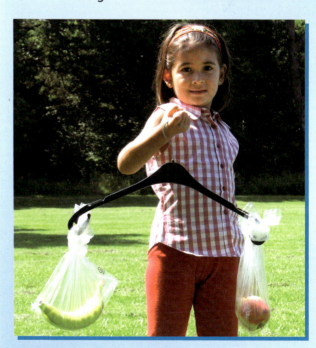

Überprüfe dein Ergebnis jetzt mit einer selbst gebauten Bügelwaage: Lagst du mit deiner Schätzung richtig?

101

Mach mit!

▶ Wo hörst du ein A?

Welche zwei Wörter reimen sich hier?

▶ Welche Formen haben die Geschenke? Weißt du, was darin ist?

▶ Wie alt werden die Kinder? Ordne sie nach ihrem Alter.

So funktioniert das

So funktioniert das

Strom und Licht

Strom ist zwar unsichtbar, aber ohne ihn würden viele technische Geräte nicht funktionieren. Er erzeugt Licht, Wärme und sogar Kälte und ist somit eine der wichtigsten Energiequellen im Haus.

Diese Geräte brauchen Strom:

Kühlschrank   Staubsauger   Herd

Toaster   Bügeleisen   Eierkocher

Geschirrspüler   Waschmaschine

❓ Woher kommt der Strom?

Strom wird im Kraftwerk hergestellt und über Hochspannungsleitungen an die Haushalte verteilt. Dort kommt er aus der Steckdose. Elektrogeräte wie ein Wasserkocher sind über einen Stecker mit der Steckdose verbunden. Über ein Stromkabel fließt der Strom in das Gerät und wieder zurück zur Steckdose.

❓ Warum ist Strom gefährlich?

Wenn wir mit Strom in Berührung kommen, fließt er durch unseren Körper. Das ist bereits bei geringer Strommenge gefährlich: Es kann zu Verbrennungen und sogar zum Herzstillstand kommen.

Wasserkocher

Schalter

Heizdraht

Stromkabel

Über die Steckdose wird der Strom zum Gerät weitergeleitet.

Steckdose

So funktioniert das

Na so was! Früher hatte man eine Kühlkiste mit einer Stange Eis. Sie kühlte die Lebensmittel, bis das Eis geschmolzen war.

Schalte das Licht aus, wenn du ein Zimmer verlässt. Das spart Strom und schont die Umwelt.

Röhren mit Kühlmittel
Pumpe

Warum glüht die Glühlampe?

Im Inneren jeder Glühlampe siehst du eine Drahtspirale. Sie ist über den Schraubsockel mit der Stromquelle verbunden. Wenn der Strom durch den Draht fließt, glüht dieser und beginnt zu leuchten. Ohne den Glaskolben würde der Draht mit Luft in Kontakt kommen und schnell verbrennen. Deshalb ist im Glaskolben keine Luft, sondern ein besonderes Gas, welches das Brennen verhindert.

Wie kühlt der Kühlschrank?

Jeder Kühlschrank enthält eine Flüssigkeit, das Kühlmittel. Es wird mithilfe einer elektrischen Pumpe durch die Röhren des Kühlschranks geleitet. Dabei nimmt das Kühlmittel aus dem Inneren des Kühlschranks Wärme auf und gibt sie nach außen ab. An der Rückwand des Geräts wird es zwar warm, dafür kühlt die Luft im Kühlschrank ab. So bleiben die Lebensmittel kalt und halten sich länger frisch.

Glaskolben
Drahtspirale
Schraubsockel

Die Glühlampe wird mit elektrischem Strom zum Leuchten gebracht.

So funktioniert das

Nützliche Erfindungen

Viele Dinge, die wir im Alltag benutzen, sind heute so selbstverständlich, dass sie uns gar nicht mehr als etwas Besonderes auffallen. Zur Zeit ihrer Erfindung waren sie eine Sensation.

Quiz
Welche Erfindung ist aus einem rollenden Baumstamm entstanden?

Lösung: Rad

Einrad · Bollerwagen · Zweirad · Roller

? Woraus wird Papier gemacht?

Schon die alten Ägypter stellten eine Art Papier aus der Papyruspflanze her. Lange Zeit wurde Papier mühsam von Hand und mit Schöpfsieben aus Lumpen hergestellt. Heute wird dafür meist Altpapier oder Holz verwendet. Es wird zerkleinert und mit Wasser und Leim zu einem Papierbrei verrührt. Schließlich wird der Brei platt gewalzt. Das gewalzte Papier wird aufgehängt und getrocknet.

? Warum ist das Rad eine geniale Erfindung?

Das Rad funktioniert ganz einfach und ist dabei sehr vielseitig. Mit seiner Hilfe können wir uns schneller fortbewegen und leichter Lasten transportieren. Die ersten Räder wurden vermutlich schon vor über 5000 Jahren erfunden. Nach und nach wurde das Rad weiterentwickelt: von der rollenden Scheibe eines Baumstamms zum Speichenrad bis hin zum modernen Gummireifen für Fahrrad, Roller und Auto.

Papier kannst du aus alten Zeitungen selbst herstellen.

106

So funktioniert das

❓ Wie funktioniert ein Fotoapparat?

Mit dem Sucher (1) legst du fest, welchen Bildausschnitt du fotografieren möchtest. Drückst du den Auslöser (2) der Kamera, öffnet sich hinter dem Objektiv (3) eine Blende (4) und lässt Licht durch. Die Blende funktioniert dabei ähnlich wie die Pupille deines Auges: Ist es dunkel, öffnet sie sich weit, sodass genügend Licht durch die Linse auf die Filmschicht fällt und das Bild darauf abgebildet werden kann.

Digitale Fotoapparate speichern die Fotos nicht mehr auf einem Film, sondern auf einer Speicherkarte (5).

Na so was! Mit einem Handy kannst du viel mehr machen als nur telefonieren: kurze Mitteilungen (SMS) schreiben und verschicken, fotografieren, Musik und Videos abspielen und im Internet surfen.

Bastelidee

Dosentelefon

Über einige Meter Entfernung miteinander zu reden ist mit dem Dosentelefon nicht schwer.

Du brauchst:
zwei Dosen, Klebeband, Nagel, Hammer, zwei Streichhölzer, Bindfaden (ca. 3–10 Meter lang)

Überklebe die scharfen Kanten der Dosen mit Klebeband und klopfe mit dem Nagel ein Loch in ihren Boden. Verknote je ein Ende des Bindfadens an einem Streichholz in der Dose. Achte beim Telefonieren darauf, dass der Faden gut gespannt ist.

107

So funktioniert das

Unsere Medienwelt

Wenn irgendwo auf der Welt ein großes Sportereignis stattfindet, sehen oder hören wir das umgehend über Radio, Fernsehen und Internet. Jeden Tag erreichen uns über die Medien Nachrichten aus aller Welt.

? Wie kommen die Bilder ins Fernsehen?

Ein Kameramann filmt ein Fahrradrennen mit einer Kamera. Die Bilder werden in winzige Bildpunkte zerlegt und in Form von unsichtbaren Wellen an einen Satelliten im Weltall gesendet. Eine große Antenne auf der Erde empfängt die Wellen wieder. Von dort gelangen sie über eine Satellitenschüssel oder über Kabel zum Fernseher und werden in Bilder zurückverwandelt.

Quiz: Wer arbeitet für eine Zeitung?

Lösung: Reporter und Journalisten

Satelliten sind Raumflugkörper im All. Sie umkreisen die Erde und übertragen Fernseh- und Radiosendungen.

So funktioniert das

❓ Wie funktioniert ein Radio?

Ein Nachrichtensprecher sitzt im Studio und spricht in ein Mikrofon. Das Mikrofon verwandelt Musik, Sprache und Geräusche in unsichtbare Wellen. Diese werden über einen Sendemast an die Antenne des Radios geleitet. Ein Lautsprecher gibt die Wellen an unser Ohr weiter. Dieses leitet die Signale weiter an unser Gehirn, das sie entschlüsselt. So können wir Musik und Nachrichten hören.

❓ Wie entsteht eine Zeitung?

Für jede Zeitung arbeiten Reporter und Journalisten. Sie sammeln Nachrichten aus aller Welt und schreiben am Computer ihre Berichte. Fotografen machen die Bilder dazu. Noch in der Nacht wird die Zeitung gedruckt und früh am Morgen ausgeliefert. So erfährst du ganz schnell, was in deiner Gegend oder der Welt passiert.

❓ Was ist das Internet?

Das Internet ist ein Computernetz, das uns mit Menschen auf der ganzen Welt verbindet. Über das Internet kann man elektronische Briefe (E-Mails) verschicken und vielerlei Informationen sowie Texte, Musik, Bilder oder Filme empfangen. Spezielle Suchmaschinen helfen dabei, sich in diesem riesigen Netz zurechtzufinden.

Darüber können Informationen vermittelt werden:

Telefon — Zeitung — Zeitschrift — Buch
Radio — Fernseher — Computer — Internet

Welche Medien nutzt du?

So funktioniert das

Flugzeuge, Autos und Schiffe

Schon früh haben die Menschen erste Fahrzeuge erfunden, um sich schneller fortzubewegen – zuerst auf dem Wasser, dann an Land. Später wurde auch der Traum vom Fliegen wahr.

? Womit fahren Autos?

Die meisten Autos fahren mit Benzin oder Diesel. Das Benzin wird im Motor mit Luft gemischt und verbrennt. Das Gas, das dabei entsteht, treibt das Auto an. Diese Treibstoffe verschmutzen jedoch die Luft. Umweltfreundliche Autos fahren mit Sonnenenergie. Solarautos haben eine Oberfläche aus Solarzellen. Diese wandeln Sonnenenergie in elektrischen Strom um.

? Wie fliegt ein Flugzeug?

Ein Flugzeug hat speziell geformte Flügel. Sie sind oben stärker gewölbt als unten. Wenn das Flugzeug durch Motoren in Bewegung gesetzt wird, strömt die Luft über dem Flügel schneller als darunter. So entsteht unter dem Flügel ein Druck, der das Flugzeug nach oben steigen lässt – ähnlich, wie wenn du mit den Lippen über ein Papier bläst, das nach unten hängt.

110

So funktioniert das

❓ Warum gehen Schiffe nicht unter?

Schwere Eisen- und Stahlschiffe schwimmen auf dem Wasser. Ein Stein hingegen geht unter. Wie ist das möglich? Ein Schiff ist innen hohl und nur mit Luft gefüllt. Dadurch ist weniger Gewicht auf einem Raum verteilt als beim Wasser unter ihm und das Schiff kann schwimmen.

Experiment

Schiff ahoi!
Warum ein Schiff schwimmt, kannst du selbst herausfinden.

Du brauchst:
Schüssel mit Wasser, Knetgummi

Forme den Knetgummi zu einer Kugel und lege sie in die Wasserschüssel.
Was passiert?

Forme aus dem Knetgummi nun ein Boot, indem du mit dem Daumen eine kleine Vertiefung eindrückst. Lege das Boot auf das Wasser.
Was passiert jetzt?

Containerschiff
Fischkutter
Motorboot

111

Mach mit!

▶ Welche Erfindung haben sich die Menschen in der Natur abgeschaut? Was gehört zusammen?

▶ Schau genau: Was ist im rechten Bild anders?

▶ Wo fahren diese Fahrzeuge?

Wo sind diese Bilder im Buch?

Auf den nächsten Seiten siehst du ein paar Bilder aus dem Buch noch einmal. Erinnerst du dich noch, was man darauf sieht? Die umgedrehte Seitenzahl verrät dir, wo du die Bilder im Buch findest.

Erkennst du den Kontinent?
Seite 10

Wer spuckt hier Feuer?
Seite 15

Welche Jahreszeit siehst du hier?
Seite 19

Was ist hier los?
Seite 22

Wie heißen die Planeten?
Seite 12

113

Erinnerst du dich noch?

Zu welcher Tiergruppe gehören diese Tiere?

Seite 29

Wie ist die Reihenfolge richtig?

Seite 35

Wo leben diese Tiere?

Seite 33

Welchen Lebensraum siehst du hier?

Seite 38/39

Was kann man mit diesen Gegenständen machen?

Seite 45

Welches moderne Fahrzeug hat sich aus dieser Erfindung entwickelt?

Seite 47

Erinnerst du dich noch?

Wohin gehören diese Tiere?

Seite 49

Was machen die Männer hier?

Seite 52

Was lernen die Kinder?

Seite 55

Was ist passiert?

Seite 65

Was wollen diese Kinder werden?

Seite 66

Woran denkst du bei diesen Gegenständen?

Seite 73

Erinnerst du dich noch?

Was siehst du durch die Lupe?

Seite 61

Welches Organ erkennst du hier?

Seite 78

Wie geht es dem Mädchen?

Seite 85

Wo im Körper sitzt diese Schnecke?

Seite 82

Wann haben die Menschen so geschrieben?

Seite 94

Welche Flächen und Formen siehst du hier?

Seite 96

116

Erinnerst du dich noch?

? Was machen die Leute hier?

Seite 100

? Kennst du diese Buchstaben?

Seite 93

? Was kann man mit diesen Geräten machen?

Seite 104

? Was wird hier hergestellt?

Seite 106

? Wie nennt man diesen Raumflugkörper?

Seite 108

? Wo siehst du diese Fahrzeuge?

Seite 111

117

Register

A
ABC 92, 93, 94, 95
Ägypter 94, 106
Allah 71
Alphabet 92
Amphibien 28, 29
Angst 84, 85, 87
Antarktis 11
Antike 46, 47
Äquator 9
Arktis 10, 69
Asien 11
Atmosphäre 9, 20
Auge 30, 82, 83, 85,
 89, 98, 107
Auto 40, 47, 50,
 106, 110

B
Baby 76
Bauernhof 48, 49
Baum 15, 19, 22, 23, 26,
 30, 31, 36, 37, 38, 39,
 40, 41, 100, 106
Befruchtung 76
Berg 10, 15, 85
Beruf 66, 67, 74
Bibel 70
Blume 26, 27, 39, 56
Blut 38, 78, 79, 81
Buch 92, 94, 95,
 96, 98, 109
Buchstabe 54, 55, 92,
 94, 95
Buddhismus 70, 71

C
Christentum 70, 71
Christkind 73
Computer 95, 109

D
Dinosaurier 9
Dreieck 96

E
Ebbe 33
Ei 29, 34, 35, 77, 88, 96
Eis 14, 19, 37, 38,
 41, 105
Eizelle 76
Eltern 60, 62
E-Mail 109
Energie 36, 41, 88
Erdbeben 23
Erde 8, 12, 14, 18, 20,
 23, 26, 28, 31, 38,
 41, 68, 108
Erdteil 10, 11, 18
Erfindung 106, 112
Essen 49, 69, 72, 73, 81,
 86, 88, 90

F
Familie 60, 61, 62, 63,
 64, 66, 72, 87
Farbe 17, 19, 20, 21, 38,
 50, 56, 63, 79, 82
Fernseher 56, 92,
 108, 109
Fest 72, 73, 74
Feuer 14, 15, 46
Feuerwehr 50
Fisch 8, 28, 29, 32,
 34, 88
Fläche 97
Flügel 29, 110
Flugzeug 110
Fluss 14, 21, 23, 32,
 40, 53
Flut 33
Foto 107
Freude 67, 72, 84

Freunde, 54, 60, 61, 62,
 63, 64, 65, 72, 86, 87
Frühling 18, 19, 48

G
Garten 27, 49
Gas 8, 14, 15, 26,
 105, 110
Geborgenheit 56, 62, 86
Geburt 34, 70, 73, 76
Geburtstag 72
Gefühl 84, 85
Gehirn 78, 79, 82, 83
Geld 46, 66, 69, 98
Gelenk 79, 80, 86
Gemüse 48, 49, 77, 83,
 88, 89
Geschlechtsorgan 77
Geschmack 83
Geschwister 60, 62
Gesicht 80, 84
Getreide 48, 49, 88
Gewitter 22, 23
Glühlampe 105
Gott 70, 71

H
Haar 29, 61, 68, 87, 89
Handy 95, 107
Haut 8, 29, 35, 68,
 82, 83
Herbst 18, 19, 36, 48
Herz 36, 78, 79, 85
Himmel 18, 20, 56
Hinduismus 70

I
Insekt 8, 27, 28, 29,
 34, 37, 38
Instrument 57
Internet 108, 109
Islam 70, 71

J
Jahreszeit 18, 20, 37, 48
Judentum 70

K
Kalender 45
Kamera 107, 108
Kind 35, 51, 54, 63, 68,
 69, 73, 84, 86, 90, 102
Kindergarten 44, 51, 54,
 63, 77, 92
Kirche 70
Klima 38, 41
Knochen 28, 46, 77, 78,
 79, 80, 94
Kontinent 10, 38
Koran 71
Körper 13, 16, 57, 77,
 78, 79, 80, 81, 84, 85,
 86, 87, 88, 97, 104
Krankheit 86
Kreis 45, 96

L
Land 18, 23, 29, 37, 46,
 48, 51, 68, 69, 110
Leben 8, 9, 12, 14, 16,
 26, 32, 39, 44, 46, 48,
 50, 51, 56, 61, 70, 72,
 76, 98
Lebensmittel 48, 49, 105
Licht 12, 16, 20, 22, 82,
 104, 105, 107
Liebe 87
Luft 9, 14, 19, 20, 21,
 22, 26, 30, 40, 49,
 77, 78, 81, 89, 105,
 110, 111
Lunge 35, 78, 79, 81

118

Register

M

Medien 108, 109
Meer 10, 11, 14, 21, 32, 33
Mensch 9, 14, 15, 26, 28, 32, 40, 46, 50, 51, 60, 61, 65, 66, 69-72, 76, 78, 87, 94, 99, 109, 110
Milch 29, 34, 49, 77, 88, 100
Mittelalter 47
Mohammed 71
Monat 44, 45, 76
Mond 16, 17, 33
Moschee 70, 71
Müll 40, 41, 52, 53, 58
Musik 56, 57, 61, 73, 107, 109
Muskel 78, 79, 80, 86, 89
Muslim 71, 73
Mutter 34, 76

N

Nachbar 64, 72
Nacht 16, 28, 44, 73, 109
Nahrung 26, 28, 30, 39, 81
Name 54, 61, 92
Nase 26, 78, 83, 89
Natur 14, 38, 40, 41, 56, 67, 112
Nordhalbkugel 18
Nordpol 9, 18, 41

O

Obst 48, 49, 77, 83, 88
Ohr 28, 82, 83, 89, 109
Organ 77, 78
Orkan 23
Ostern 70, 72

P

Paarung 35
Papier 52, 73, 92, 106, 110
Papyrus 94, 106
Penis 76, 77
Pflanze 8, 9, 14, 26, 27, 30, 38, 40, 48, 65
Planet 9, 12, 13
Polizei 50

Q

Quadrat 96

R

Rad 106
Radio 56, 108, 109
Ramadan 71, 73
Rathaus 50, 51
Rechteck 96
Regel 62, 64, 71
Regen 20, 21, 23, 40
Religion 70, 71, 72
Reptilien 28, 29
Ritter 46, 47
Römer 46

S

Sabbat 71
Sauerstoff 8, 9, 14, 26, 30, 32, 40, 78, 79
Säugetier 8, 28, 29, 34
Schatten 16, 17, 24
Scheide 76, 77
Schiff 40, 111
Schlaf 77, 86
Schnee 19, 20, 21, 36, 37, 39
Schule 51, 54, 55, 69
See 14, 21, 32, 40
Sinne 82, 83
Skelett 28, 78, 80

SMS 107
Sommer 15, 18, 19, 39, 48
Sonne 12, 13, 16, 17, 18, 19, 20, 21, 56, 68
Sonnensystem 12
Sport 55, 60, 63
Sprache 68, 94, 109
Stadt 50, 51
Steckdose 104
Stein 15, 46, 99, 111
Steinzeit 46, 47, 94
Straße 22, 23, 40, 46, 50, 64, 69, 92
Strom 41, 104, 105, 110
Stupa 70
Sturm 22, 39, 41
Südpol 9, 41
Silvester 72
Synagoge 70, 71

T

Tanne 39
Telefon 109
Tempel 46, 70
Temperatur 41, 100
Thermometer 100
Thora 71
Tier 8, 9, 14, 26, 28, 29, 30, 31, 32, 33, 34, 36, 38, 39, 40, 42, 46, 48, 49, 65, 67, 85

U

Uhr 45, 98, 100
Umwelt 40, 41, 105
Unfall 50, 64
Urwald 38

V

Verdauung 81
Verkehr 50, 51
Video 107

Vitamin 88, 89
Vogel 28, 29, 33, 34, 37, 56
Vulkan 15

W

Waage 100
Waffe 46, 47
Wald 30, 40
Waschmaschine 104
Wasser 8, 9, 14, 20, 21, 26, 29, 32, 33, 34, 39, 40, 49, 50, 53, 57, 67, 73, 100, 106, 110, 111
Watt 32, 33
Weihnachten 70, 72, 73
Weltraum 11, 13
Werkzeug 46, 47
Wetter 18, 20, 22, 24, 46
Wiese 26, 48
Wind 20, 22, 23, 27
Winter 18, 19, 36, 37, 48
Wirbellose 28, 29
Wirbelsäule 28, 78
Wirbeltier 28
Wochentag 45
Wolke 8, 20, 21, 22
Wort 55, 84, 92, 95
Würfel 96, 97
Wurm 29, 30, 33, 37
Wurzel 26, 37, 40
Wüste 39, 69
Wut 85

Z

Zahl 54, 98, 99, 100
Zahn 81, 87
Zeichenschrift 94
Zeit 44, 45, 46, 100
Zeitung 109
Zelle 76

119

Bildquellennachweis

Umschlagfotos:
mauritius images: Angela Reik vorne oben links; **iStockphoto:** onebluelight v.o. rechts, dejanristovski v. unten r., simspix hinten u.; **Digitalstock:** F.Fischer v.u.l., T. Figge h.o.

Fotos:
© **Sotheby's/akg images:** S. 56 Mitte l.; **Sven Alender:** S. 13, S. 17, S. 37, S. 45, S. 57, S. 63, S. 67, S. 73, S. 83, S. 89, S. 95, S. 99, S. 101, S. 111 **Digitalstock:** S. 23 M.r., S. 41 o.; **iStockphoto:** S. 8, 10 u.l., S. 23 o.r., S. 36 o.r., S. 40 o.r., S. 53 u.r., S. 107 M.r.; **Pixelio:** S. 28 u.r.; **Ullstein:** S. 23 u.r.; **Heidi Velten:** S. 21, S. 51

Illustrationen:
Anne Ebert: S. 27 M. r.; **Mario Kessler:** S. 26 o., S. 26 u., S. 33 u., S. 35 M.

Impressum

Bibliografische Information der Deutschen Nationalbibliothek:

Die Deutsche Nationalbibliothek verzeichnet diese Publikation in der Deutschen Nationalbibliografie; detaillierte bibliografische Daten sind im Internet über **http://dnb.d-nb.de** abrufbar.

4 3 2 1   16 15 14 13

© 2013 Ravensburger Buchverlag Otto Maier GmbH
Postfach 1860, 88188 Ravensburg
Alle Rechte, auch die des auszugsweisen Nachdrucks, der fotomechanischen Wiedergabe und der Übersetzung, vorbehalten

Wir danken ABAKUS Musik für die Abdruckerlaubnis von: Georg Bydlinski, „Freunde sind wichtig". Aus: „Freunde sind wichtig für jeden", © ABAKUS Musik Barbara Fietz, 35753 Greifenstein
Text: Johanna Friedl, Martina Gorgas
Illustrationen: Lisa Althaus (Character), Melanie Brockamp, Stefan Seidel, Kyrima Trapp, Steffen Walentowitz

Printed in Germany

ISBN 978-3-473-55363-1

www.ravensburger.de